新媒体在汉语
国际传播中的应用研究

刘 萍◎著

Research on the Application
of New Media in Chinese
International Communication

中国财经出版传媒集团
经济科学出版社
Economic Science Press
·北京·

图书在版编目（CIP）数据

新媒体在汉语国际传播中的应用研究／刘萍著．
北京：经济科学出版社，2024.9. —— ISBN 978 - 7 - 5218 -
6339 - 0

Ⅰ. H195

中国国家版本馆 CIP 数据核字第 2024UR4447 号

责任编辑：宋　涛
责任校对：靳玉环
责任印制：范　艳

新媒体在汉语国际传播中的应用研究

刘　萍　著

经济科学出版社出版、发行　新华书店经销

社址：北京市海淀区阜成路甲 28 号　邮编：100142

总编部电话：010 - 88191217　发行部电话：010 - 88191522

网址：www. esp. com. cn

电子邮箱：esp@ esp. com. cn

天猫网店：经济科学出版社旗舰店

网址：http：//jjkxcbs. tmall. com

北京季蜂印刷有限公司印装

710×1000　16 开　12.75 印张　200000 字

2024 年 9 月第 1 版　2024 年 9 月第 1 次印刷

ISBN 978 - 7 - 5218 - 6339 - 0　定价：78.00 元

（图书出现印装问题，本社负责调换。电话：010 - 88191545）

（版权所有　侵权必究　打击盗版　举报热线：010 - 88191661

QQ：2242791300　营销中心电话：010 - 88191537

电子邮箱：dbts@ esp. com. cn）

前言 Preface

　　随着"一带一路"倡议的提出和持续推进，以及互联网的普及，中国的综合实力和影响力在不断扩大，越来越多的国家都在提倡学习汉语，"汉语热"已经逐步走向全球化，这给汉语国际传播的推广带来了新的挑战和机遇。"互联网＋汉语国际传播"代表着当今汉语传播的未来发展方向，新媒体平台的不断发展与优化为汉语国际传播提供了技术平台支持，语言推广与新媒体平台技术的融合为汉语国际传播的进一步发展奠定了基础。语言传播借助新媒体平台是必然的发展趋势，新媒体的交互性和跨时空性等特点，使很多社交软件、语言学习App和网络直播等平台受到人们的欢迎，推动了汉语国际传播与互联网相融合的发展，丰富了汉语的传播方式。

　　本书以新媒体为切入点，综合运用文献资料分析法、问卷调查法和深度访谈研究方法，以在华留学生和汉语传播者为研究对象，重点探究新媒体的汉语国际传播机制，调查汉语受传者和传播者传播动机、传播行为特征以及由此引致的传播效果。在整合传播机制模型的基础上，洞察作用机制中的关键要素，识别阻碍汉语全球化传播的困境，并在此基础上，有针对性地提出优化对策与建议，为持续推进汉语国际化传播、抢抓新媒体历史机遇、深入扩大中华文化全球影响力提供实践依据和支撑。

结合调查结果，本书得出以下结论：首先，新媒体汉语国际传播动机强劲；其次，新媒体汉语国际传播行为丰富；再次，新媒体汉语国际传播的效果良好，仍有提升空间。同时，也发现了汉语在新媒体平台下开展国际传播中面临的一些困境，体现在传播动机、传播行为和传播情境上。就汉语传播者而言，在新媒体平台开展汉语教学和文化传播时，面临的问题主要有：书面用语与网络用语使用的规范性；传播内容的同质化，缺乏针对不同受传者需求的定制化内容；以及传播方式缺乏创新性和交互性；传播效率不足等。在汉语受传者方面，在使用新媒体平台学习汉语时遇到的主要问题包括：对传播内容的检索便捷性不足；自觉控制沉迷时间能力欠缺；传播内容质量参差不齐；传播场景单一，缺乏多样化的学习内容；以及传播内容的同质化现象严重，缺乏创新和个性化的学习资源等。在新媒体平台方面，推动汉语国际传播方面存在的问题包括：数字化技术能力有待提升，未能充分利用新媒体的技术优势来优化汉语学习和传播效果；对博主专业素养的培训不足，导致传播内容的质量无法保证；以及对传播内容的监管不足，未能有效把控内容质量，保障汉语教学和文化传播的准确性和权威性。

针对这些问题提出了以下传播优化建议：对于汉语受传者来说，第一，自觉控制新媒体使用时间，防止沉迷；第二，有效结合传统学习模式，注意内容甄别；第三，积极与传播者互动，提供改进反馈；第四，督促新媒体平台提升质量监管。对于汉语传播者来说，第一，熟练使用新媒体平台的资源和操作，提高传播效率；第二，提升传播场景多样化和语言规范性，丰富传播形式；第三，创造高质量的作品并强化互动性，提升受传者兴趣；第四，积极与平台沟通反馈传播困难，优化传播平台。对于中文新媒体平台来说，第一，积极开发新功能与维护，提高互动性；第二，严格把控平台内容监管，做好质量管理；第三，提供平台传播教程和培训，培养高素质传播者。

刘　萍

2024.7

目 录
Contents

绪　　论

第一节　研究背景、目的与意义

一、研究背景

随着"一带一路"倡议的提出和持续推进，以及互联网的普及，中国的综合实力和影响力在不断扩大。当前，中国已成长为世界第二大经济体，随着中国经济的巨变，中国与其他国家的政治、经济和文化交流日益密切。目前全球汉语使用人数众多，汉语是世界上使用人数最多的语言，同时也是六种联合国工作语言之一。越来越多的国家都在提倡学习汉语，"汉语热"已经逐步走向全球化，汉语受传者的群体也由"在华留学生"群体不断扩大到数千万分布在世界其他国家和地区的汉语受传者，这给汉语国际传播的推广带来了新的挑战和机遇。然而随着互联网技术的不断发展，每个个体可以接触到海量的信息，不再受限于传统的信息接收方式，传媒领域随着互联网的革新也不断推陈出新，衍化出新媒体传播。"互联网＋汉语国际传播"代表着当今汉语传播的未来发展方向，新媒体平台的不断发展与优化为汉语国际传播提供了技术平台支持，语言推广与新媒体平台技术的融合为汉语国际传播的进一步发展奠定了基础。

在移动互联网、大数据、云计算等科技不断发展的背景下，以微信、微博等为代表的新媒体平台已经渗入人们的日常生活中，人们每天都会花费大量的时间通过这些新媒体平台获得最新资讯和关注各类热点话题和人物。受互联网影响，许多国家都产生了汉语学习的热潮。根据《孔子学院研究年度报告（2019）》，截至2019年年底，中国已经在全球162个国家设立了550所孔子学院以及1100多个中小学孔子学堂，为数千万中文受传者提供了学习汉语的机会和服务。同时，很多组织开展了一系列的艺术交流活动，向很多国家输送了各种有关中国文化的书籍及视频资料，这在推动汉语国际传播发展方面起到了至关重要的作用。2019年，席卷全球的新冠肺炎疫情迫使大多数学校开展线上授课，也对人们走出国门旅行、学习、工作带来了一定的限制。为适应需求与顺应潮流的发展，语言传播借助新媒体平台是必然的发展趋势，新媒体的交互性和跨时空性等特点，使很多社交软件、语言学习App和网络直播等平台受到人们的欢迎，这改变了汉语传播方式，也推动了汉语国际传播与互联网相融合的发展方向。

基于新媒体背景下的汉语国际传播，将有助于拓宽语言及文化的传播渠道，在现有的传播基础上，为汉语国际传播带来了更多发展的可能，借此机会提升中国文化软实力。以微信为例，受传者在使用该软件时，可借助朋友圈和视频号等功能感受到中国当代的本土文化和气息，为受传者提供了更多的了解中国文化和语言环境的机会。这种方式区别于传统的汉语教学，不是仅仅停留于过去的书本、报纸和电视节目等传统媒介中，而是做到了开拓汉语国际传播的渠道和内容，有利于满足全球范围的汉语传播热潮，实现资源共享，从而更好地推动汉语国际传播的发展，提升中国文化影响力、软实力和国家形象。

二、研究目的

本书聚焦于当前中国对外依托新媒体开展的汉语国际传播现状，洞察传播过程中的规律，发现传播路径中的问题，对当前新媒体平台在汉语国际传播中的应用问题提供具有针对性、实践性的意见与建议。探究如何高效运用新媒体平台持续推进汉语国际传播的影响力，进而更好地服务于中华文化以及汉语的国际化传播，为汉语国际传播的发展提供更好的思路。

本书以新媒体为切入点，重点探究"传播动机—传播行为—传播效果"的作用机制，试图体系化、结构化地梳理依托于新媒体的汉语国际传播机制，发现其中的传播动机、传播行为特征以及由此引致的传播效果。本书首先对语言传播变量和语言传播模式等经典理论进行系统的梳理和回顾，对新媒体汉语国际传播等相关研究进行回顾与评述，并在文献梳理的基础上洞察当前研究所存在的主客观局限性，进一步明确本研究试图探究的研究问题，为研究的深入开展奠定了坚实基础。

在对新媒体在汉语国际传播中的应用的相关研究和理论依据进行整理和分析的基础上，本书介绍当前研究领域有关汉语国际传播的研究现状、研究进展以及未来潜在的研究方向。进而，依据本书的研究思路"传播动机—传播行为—传播效果"开展问卷设计、访谈提纲设计、数据采集的研究实施工作，围绕研究问题来采集有效的高质量定量与定性数据，为进一步分析研究提供数据支持和依据，保证研究的顺利有序进行。之后，开展调查结果分析，由此得出研究结论、存在的问题和管理启示，为相关管理实践提供理论支持。

由此，本书在把握整合传播机制模型的基础上，洞察作用机制中的关键要素，识别阻碍汉语全球化传播的关键节点，并在此基础上，有针对性地提出优化对策与建议，为持续推进汉语国际化传播、抢抓新媒体历史机遇、深入扩大中华文化全球影响力提供理论依据与支撑。

三、研究意义

本书从新媒体的视角出发，探寻秉持着不同动机的传播者和受传者在新媒体平台表现出的多样化、异质性的行为特征以及由此引致的国际化传播效果，具有一定的理论意义和现实意义。

（一）理论意义

第一，从新媒体视角研究汉语的全球化传播，能更充分地顺应当前数字化发展的时代潮流，充分考量新时代下的语言传播新环境，有助于把传统汉语国际传播研究推动到新的时代特征下，拓宽了汉语国际传播的研究视角。第二，本书研究"传播动机—传播行为—传播效果"之间的作用机制。传播动机着重考量了商业、学习、文化、社交、休闲与职业等驱动要素；传播行为重点研究了不同传播主体的多样化、个性化传播行为，重点关注传播平台、传播场景、传播内容、传播方式以及传播频率等维度；传播效果则聚焦于观察汉语通过新媒体传播达到的全球主客观强化效应，丰富了汉语国际传播的理论成果。

（二）实践意义

本书调查了新媒体在汉语国际传播中的应用现状，从汉语传播者和汉语受传者两个方面入手，通过研究双方的传播动机、传播行为和传播效果，发现了其中亟待改善的现实问题，从而为新媒体在汉语国际传播中的应用实践提供了针对性的意见与建议，进一步助力于汉语国际传播的持续发展。

第二节　文献综述

一、语言传播

语言传播研究的关键是在语言传播的过程中人们的语言行为的变

化，并不是语言本身的变化，语言自身不会传播，是通过语言行为而产生的语言传播。占立玲和黄蓉在研究中，将社会语言文字比作一面镜子，它反映出社会生活的各个角度。该研究通过收集社会语言文字语料的语录并归纳和分析，从社会学角度出发，强调了在日常交流中，语言的传播价值不可忽略①。李宇明关于传播成效问题开展了研究，并提到成功的语言传播是语言在某传播区域扎下根，持续产生影响，并具有以下五个方面的表现：（1）成为在传播区域的首选语言；（2）对传播区域的文字体系产生了一定的影响；（3）成为传播区域的官方语言；（4）成为传播区域的主要外语；（5）在某一特定的领域发挥了一定的作用。②

王辉③对语言传播的主要理论框架进行了归纳总结与分析，在前人理论模型基础之上提出建构全球化时代语言传播的混合模式，如图 0 - 1 所示。

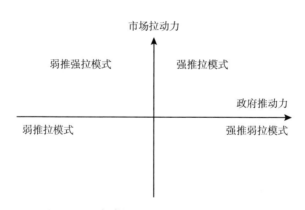

图 0 - 1　全球化时代语言传播的混合模式

资料来源：王辉：《语言传播的理论探索》，载《语言文字应用》2019 年第 2 期，第 10 页。

---

① 占立玲、黄蓉：《从社会学视角看语言的传播价值》，载《钦州学院学报》2018 年第 8 期，第 85~89 页。

② 李宇明：《成功的语言传播—序王建勤等〈全球化文化竞争背景下的汉语国际传播研究〉》，载《国际汉语教学动态与研究》2015 年第 2 期，第 95~96 页。

③ 王辉：《语言传播的理论探索》，载《语言文字应用》2019 年第 2 期，第 10 页。

王辉特别指出，在当前全球化深入推进的时代背景下，语言传播的混合特征非常突出，政府的推力和市场的拉力作为两大重要的驱动力构成了混合语言传播模式的驱动要素。该模式的核心在于，在全球化时代背景下，语言传播模式更加多元化，其中主要存在两大驱动力量，即来自政府的力量和来自市场的力量，两大驱动因素的共同组合作用决定了语言传播的效果和效率。其中，对于政府力量，涵盖政府的战略诉求、战略意图、战略举措、战略资源（如数字基础资源、特色语言资源）等核心要素；对于市场力量，涵盖了商业、教育、文化、社交、休闲、职业等核心要素。该模式更额外强调了政府与市场协同作用的重要性，如要实现某种语言在特定范围的高效能、高效率传播，需要政府力量和市场力量的协同，两种力量发挥的侧重点有所不同，政府力量更多地体现在政策规划与引导、战略资源布局等维度，市场力量更多地体现在需求多元化、产品创新、传播策略行为创新等维度上。通俗来讲，政府力量的强弱更多体现了政府推广某种语言的意愿强弱和相应的能力强弱；市场力量的强弱更多反映着市场对于某种语言的偏好程度。政府的推动力包括政府从政治、经济、文化等方面具备推广某种语言或语言变体的意愿和能力，市场的拉动力指由语言学习者或潜在的语言学习者的学习需求形成的市场力量。

另外，他还提出了信息技术驱动的混合模式。该模式将当下快速发展的诸如5G、AI、区块链等新兴技术纳入考量范畴，关注技术如何驱动语言传播。基于新兴技术的语言传播，拥有成本更低、共享性强、超越时空局限性等比较竞争的优势。具体来看，当前我们会看到一些VR、AR游戏非常受玩家的喜爱，借助新兴技术，语言承载表达的游戏得以更形象生动地呈现给用户，能够更好地促进语言的传播和记忆。除此之外，移动互联网的发展堪称是21世纪最伟大的变革之一，以软硬件的稳定支撑让用户能够随时随地、跨越时空局限地获取多样化的海量信息，这些信息以多样化的语言形式呈现给用户，因此语言的传播力也得到极大的强化和拓展。

　　杨金成指出，语言价值是语言国际传播的内在动力，环境因素是语言国际传播的外在动力。语言价值可分为个人层面的价值和国家层面的价值。影响语言国际传播的环境因素有政治、经济、军事、文化、教育、科技因素及语言政策、语言意识、国际环境等。语言国际传播的动力机制是内外各种因素相互作用的过程，呈现出复杂网络性及非线性的特点①。

　　孙宜君和王长潇聚焦于新时代下电视语言传播的发展与变革，其研究指出，融媒体环境下电视传播语言呈现着多元而丰富的变化，主要表现在以下几个方面：网络词汇和网络句式融入电视语言传播、电视语言传播思维变革以及电视语言传播更具人性化②。同时，电视语言传播中也存着一些显而易见的问题，比如，电视语言传播用语缺乏规范性、趋向低俗化与庸俗化等。针对以上问题，结合当前的电视语言传播大环境与趋势，研究提出了三点对策建议，即采用合理科学的语言策略、恪守语言传播的规范性原则、树立导向正确的受众意识以及监管机制，充分发挥语言传播的把关作用。

　　邓俊峰和梁婷研究了新媒体视角下的互动性视觉语言传播，他们聚焦于互动性视觉设计对于语言传播的推动作用③。研究表明，语言传播互动性能否实现关键在于设计形态能否实现动态化转换，互动性传播还高度依赖于多媒体形态整合、多元化感官体验、多维化表达方式以及虚拟化传播方式等维度。

　　综上所述，语言传播具有多个理论框架与模型，包括混合语言传播模型、信息技术驱动的混合模型以及互动性视觉语言传播。这些模型和

---

① 杨金成：《语言国际传播动力及动力机制》，载《河北大学学报（哲学社会科学版）》2023年第2期，第68~76页。
② 孙宜君、王长潇：《融媒环境下电视传播语言的嬗变与坚守》，载《当代传播》2019年第1期，第70~72页。
③ 邓俊峰、梁婷：《新媒体视域下视觉语言传播的互动性实现》，载《传媒》2017年第24期，第54~56页。

理论从不同角度探讨了语言传播的机制、动力和特点。特别强调了在全球化背景下，政府和市场作为重要驱动力，对语言传播产生影响。此外，对语言传播的规范性、多样化和互动性等方面提出了具体的研究建议。这些研究为我们更好地理解语言传播现象提供了重要参考。

二、汉语国际传播

一种语言在世界上的地位与使用的人口数量有关，同时也与外语学习的人数有关。陈青文指出，中国人口数量庞大，国际影响力不断提升，汉语的国际传播发展势不可挡。而语言和文化是不可分割的，提高和加强汉语的国际传播，有利于中国传统文化的对外传播，并强调语言的发展及传播是权利演变的历史[①]。汉语国际传播的持续发展，引起了很多海内外相关学者对汉语国际传播的高度重视。2004 年，海外的第一所孔子学院建立于韩国首尔，它的建立加快了汉语国际传播的发展，也引起了更多该领域的研究[②]。随着 2011 年《汉语国际传播研究》杂志的创办、2012 年第一届汉语国际传播学术研讨会的举办、2012 年"中国语文现代化学会汉语国际传播研究分会"的创立和一些有关汉语国际传播领域的书籍出版，推动汉语国际传播在逐步向一个独立的研究领域体系发展。目前，汉语国际传播的探索视角、内容和方式发展越来越多元化，包括汉语国际传播与国家软实力发展的关系的探究和汉语国际传播的传播模式研究等。

郭熙在研究中分析了当今汉语文化在国际上的地位和影响汉语国际传播发展的相关因素，并在汉语国际传播未来发展方向、传播对象、传

---

① 陈青文：《语言、媒介与文化认同：汉语的全球传播》，上海交通大学出版社 2013 年版，第 375 页。

② 姚敏：《"大华语"视角下的汉语国际传播策略思考》，载《语言文字应用》2019 年第 1 期，第 20～26 页。

播模式和统筹协调方面提出了相关策略①。随着时代的不断发展，汉语国际传播的工作也有了新的特点，主要表现在市场化、专业化、服务性、"中高速"或"中速"等特点上。吴应辉根据这些方面提出了有关资源配置应着重体现在"发展中国家优先战略"、加强重视汉语教育、汉语国际传播应该加强顶层设计等多条建议②。陆俭明在探究中提到，在汉语国际传播中较为有代表性的六个问题，并强调国家的繁荣昌盛和综合国力的增强有助于汉语成为国际强势语言③。李宇明对过去和当前的各类语言传播现象进行了研究，阐释了影响语言传播的原因，重点提到影响汉语传播的主要原因是经济发展④。林迎娟指出，在当前国际形势大背景下，孔子学院在很多国家的发展存在很大挑战，并提出了有关孔子学院可持续发展的相关建议和策略⑤。由此可见，移民与语言文化交流传播的重要影响，梁英明的研究结论也提到了语言文化的融合与共同发展⑥。在多语言和谐共同发展，尤其是在汉语国际传播的过程中，数字信息化技术给汉语国际传播带来了一定的技术保障，为汉语国际传播的长久发展提供了多元化的支持和基础。

有关汉语的"汉语规划"相关现状，李宇明强调汉语国际传播会对中国形象产生很大影响，应当积极并合理地开展规划⑦。汉语国际传播不仅仅是建立"知识共同体"，也不可能仅仅构造"价值共同体"，

---

① 郭熙：《以辅助专业教学为目的的汉语作为第二语言的教学：实践与思考》，载《对外汉语研究》2006年第2期，第65～67页。

② 吴应辉：《让汉语成为一门全球性语言——全球性语言特征探讨与汉语国际传播的远景目标》，载《汉语国际传播研究》2014年第2期，第1～12页。

③ 陆俭明：《汉语国际传播中的几个问题》，载《华文教学与研究》2013年第3期，第1～4页。

④ 李宇明：《什么力量在推动语言传播？》，载《汉语国际传播研究》2011年第2期，第1～5页。

⑤ 林迎娟：《"一带一路"沿线国家的孔子学院发展模式探析》，载《发展研究》2016年第8期，第11～14页。

⑥ 梁英明：《从东南亚华人看文化交流与融合》，载《华侨华人历史研究》2006年第4期，第32～38页。

⑦ 李宇明：《中国语言规划三论》，商务印书馆2015年，第359页。

同时应该构建"情感共同体",培养学生的全球意识和国际理解能力,实现"中外互动",让更多的外国人认识中国、了解中国,让中国成为最受欢迎的国家①。当前,对汉语国际传播而言传播的是现代汉语,虽然有传播文化,但是偏侧于中国的传统文化,在经济、文学和科技等方面还有待加强②。另外,汉语国际传播应扩大汉语传播主体。传播的主体不应该仅限于教师,同时也可以是媒体或个人,因此汉语国际传播并不完整地归类于教育学或传播学。当前汉语国际传播不仅仅注重在课堂教学中,同时也要借助媒体来吸引更多的汉语受传者,扩大汉语受传者人群③。

综上所述,近些年,相关研究肯定了汉语国际传播在逐步走向一个单独的研究领域体系,国家政治、科技、经济和文化实力的增强有助于汉语国际的传播,学者们针对汉语国际传播都总结出了可行性经验,但受当前国际形势的影响,给汉语国际传播也带来了一定的挑战,如何打破汉语国际传播的瓶颈期,使汉语传播更好地扎根于其他国家还需要进一步的研究。

姚敏从"大华语"的视角对汉语国际传播策略进行了研究,解构了汉语国际传播的构成要素,深入分析了"大华语"传播在汉语国际传播中的作用,在此基础上提出了相应的策略优化建议。姚敏在研究中结合汉语群体以及汉语传播圈的特点,将汉语国际传播划分为三个战略层次,提出了汉语国际传播圈模型,包含大华语传播圈、汉字文化圈和辐射圈。具体来看,最内层的大华语传播圈是指以中国为内核的全世界华侨华人对"大华语"的传承与传播;中间层的汉字文化圈,是指全

---

① 胡范铸、刘毓民、胡玉华:《汉语国际教育的根本目标与核心理念——基于"情感地缘政治"和"国际理解教育"的重新分析》,载《华东师范大学学报》2014年第3期,第59~61页。

② 刘露琪:《科技介入下汉语国际传播面临的挑战及对策分析》,载《人文天下》2015年第17期,第69~76页。

③ 马洪超:《汉语国际传播的方式与策略探析》,载《安徽理工大学学报(社会科学版本)》2016年第3期,第93~97页。

球范围内汉语受传者、传播者对汉语的学习和传播；最外层的汉语辐射圈，是指汉语作为一门外语在全球范围内被学习、使用和传播。这三个不同层面的汉语传播圈在传播对象、传播历史和传播动因上各具特色。它们共同构成了汉语国际传播的大格局，在汉语国际传播中发挥着各自的作用。姚敏在研究中提出了未来要重点着手的一些策略：首先要重视大华语传播圈的独特优势；其次要统筹整合协调三个不同圈层在汉语国际传播中的角色与关系；最后还要在战略层面积极布局，树立实用主义、市场驱动的传播理念①。

何干俊研究了当代汉语国际传播的有效途径问题，以期提升汉语国际传播的效能和效率。他指出，在中华民族伟大复兴的征程上，当前汉语要真正实现国际化的传播，不断突破时间和空间局限，需要依靠传播途径的持续创新。目前影响汉语国际传播的主要因素主要集中在接受主体的族群背景差异、传播区域的分化差异和教育资源的分布差异上②。在明确影响因素的基础上，要加快传播途径的打造，在国民教育体系优化、新兴传媒赋能、文化传播氛围打造上做足功夫，持续推进汉语传播的国际化步伐。

郭薇和于萌聚焦于数字媒介在汉语国际传播中的应用，重点讨论了基于数字媒介技术的汉语国际传播策略。他将数字媒介划分为两大类，分别是传统媒介的数字化和新兴数字媒介：传统媒介数字化包含数字出版（数字图书馆、网络文学网站）和数字电视等表现形式；新兴数字媒介则主要包含移动互联网等平台。同时，应从以下几大策略来着手推进汉语的国际化数字传播：一是推进传播主体的多元化特点，丰富传播途径；二是积极利用新兴社交媒体，强化传播效果；三是统筹整合数字媒介渠道，扩大传播范围；四是细分受众，使传播更具针对性；五是充

① 姚敏：《"大华语"视角下的汉语国际传播策略思考》，载《语言文字应用》2019 年第 1 期，第 20～26 页。
② 何干俊：《当代汉语国际传播的有效途径研究》，载《中南民族大学学报（人文社会科学版）》2018 年第 5 期，第 154～157 页。

分利用数字技术，分析反馈信息①。

蔡燕研究了新媒体环境下的语言国际化传播，她认为，提高汉语国际传播者的信息素养，增强新媒体信息内容的核心竞争力，丰富和整合传播媒介与渠道，把握新媒体传播受众的异同，注重量化分析新媒体传播效果是新媒体促进汉语国际传播的有效路径②。她创新性地整合归纳了新媒体的特性，即时空跨越性、多元性、碎片性、交互性以及定制性。一个国家语言的国际传播能力在一定程度上决定着这个国家软实力的强弱，因此推动汉语国际化传播是中华民族伟大复兴的必经之路。针对新媒体的应用，她提出，要不断提升汉语国际传播者的综合素养、持续强化新媒体传播内容的品质以及在科学量化评估新媒体传播效果上做足功夫。

钱丽吉和吴应辉在其最新的研究中聚焦于元宇宙技术对于汉语的国际化传播的促进作用和路径，他们认为，元宇宙技术与汉语国际传播的深度融合能够极大地推动汉语国际传播的数智化转型。当前，元宇宙技术在语言传播中能够发挥其独有的优势，即虚实交互性、时空无界性、精准定制性、具身学习性、即时反馈性和去中心分散性。其中，（1）虚实交互性强调元宇宙技术带来的沉浸感体验，市场主流的做法是借助 VR、AR 等外置技术获取全方位的沉浸式体验，提升语言传播的浸入感；（2）时空无界性强调借助现代新兴传感技术、信息传输技术等元宇宙技术来实现现实世界与虚拟世界的连通、交融与映射，打破传统的时空壁垒，推动语言传播的超时空性；（3）精准定制性强调语言传播的客制化特点，针对不同的细分市场、不同的用户画像来传播不同特点的语言类产品、内容，元宇宙技术能够为这样的差异化定制提供强有力的技术支撑，推动语言传播的高质量发展；（4）具身学习性强调语言传播

---

① 郭薇、于萌：《数字媒介推动汉语国际传播的策略研究》，载《传媒》2018 年第 2 期，第 79～81 页。

② 蔡燕：《新媒体环境下的语言国际传播研究》，载《山东社会科学》2015 年第 10 期，第 156～160 页。

中身体感官的积极作用，元宇宙虚拟空间能够打造一个多感官全沉浸的平台，有助于语言传播相关者形成深度的在场感和全新的身体图式；（5）即时反馈性更强调语言传播中传递给语言接收者的反馈内容，这会影响到语言接收者的注意力、动机等要素，即时反馈能够提高语言学习者的学习效率，元宇宙技术能够充分满足对学习者即时精准反馈的需求，进而极大程度地提升学习者的热情、效率和效能；（6）去中心分散性强调元宇宙技术其自身的去中心化特征，有助于打破传统语言传播中有关数据隐私监控、传媒垄断的老大难问题，个体的学习借助数字分身来实现，每个个体都可以根据自己的喜好来打造平行世界中独一无二的形象，更有助于打造平等、无差别的语言传播环境。研究发现，基于元宇宙技术能力的汉语国际传播具有强化构建虚实结合的汉语国际传播新体系；推动资源精准配置；重塑全球语言传播体系格局，提升中文国际地位；促进全球汉语教育创新与变革，坚定所有中华儿女的共同体意识；持续擦亮中国国际形象，提升中华文明国际影响力五大功能。另外，研究还提出了抢抓机遇，超前布局；推进元宇宙汉语教学资源配置；强化元宇宙汉语国际传播人才培养三大路径。从当前世界发展的总趋势来看，元宇宙技术是人类借助全新数字技术提升生产力的里程碑式契机，新一轮的技术革命、产业革命已经全面展开，元宇宙语言传播也必将成为未来各国竞争的新领域，唯有抓住此次机遇、提前布局，才有可能抢占元宇宙语言传播发展先机，在未来的语言传播竞争中拥有更重分量的话语权，进而推动汉语国际化传播的跨越式发展。①

　　上面总结了当前汉语国际传播的研究现状及相关策略。学者们各自从不同角度探讨了汉语国际传播的构成要素、传播圈模型、影响因素以及推进策略。他们提出了诸多创新性的理论框架和实践建议，如大华语传播圈模型、数字媒介应用策略、元宇宙技术与汉语国际传播等。这些

---

　　①　钱丽吉、吴应辉：《元宇宙技术推动汉语国际传播跨越式发展的功能与路径》，载《云南师范大学学报（哲学社会科学版）》2023 年第 4 期，第 35～43 页。

研究为提升汉语国际传播的效能和效率提供了重要思路和路径。汉语的国际传播需要进一步关注实践操作中的可行性与可持续性，以及与其他国际语言竞争中所带来的挑战。同时，随着新技术的不断发展和全球环境的变化，汉语国际传播策略也需要不断更新与适应，为今后汉语的国际传播提供研究方向和发展意见。

三、新媒体

传播便捷性是指信息的传播过程变得更加迅速、便利和广泛。随着科技的不断发展，特别是互联网的普及和移动通信技术的进步，信息传播的速度和范围大大提高。数字技术是传播便捷性的重要催化剂。随着数字化的发展，信息可以通过电子形式存储和传输，大大减少了传统媒体的制作和传播成本。数字技术不仅使得传统媒体如电视、广播和报纸等更加便捷，也催生了新兴的媒体形式，如网络媒体和社交媒体等。人们可以通过互联网随时随地获取各种信息，包括新闻、音乐、影视作品等。数字技术的快速发展使得信息的传播速度大大加快，同时也扩大了信息的传播范围和渠道。当前，社交媒体在传播便捷性方面发挥了重要作用。社交媒体平台如微博、微信等，成为人们获取和分享信息的重要工具。通过社交媒体，个人可以发布和传播自己的观点、信息和内容，与他人开展互动和交流。社交媒体的特点是信息传播的即时性和互动性，可以迅速传播和传递信息，同时也可以让用户参与到信息生产和传播的过程中。

社交媒体的兴起使得传播便捷性进一步增强，人们可以在社交媒体平台上获取最新的资讯和动态，也可以通过分享和转发扩大信息的传播范围。移动应用的普及同时也促进了传播便捷性的提高。移动应用是在移动设备上运行的软件程序，人们可以借助手机和平板电脑等移动设备随时随地使用各种应用程序，通过移动应用获取新闻、音乐、电影、购物等各种信息和服务，也可以通过移动应用开展社交、分享和交流。移动应用的普及使得人们在任何时间、任何地点都可以与世界连接，获取所需的信息和服务。移动应用的普及使得传播便捷性不再受时间和空间的限制，信息可以随时随地传播和获取。全球化是传播便捷性的重要背景，全球化促使人们之间的联系和交流更加紧密，信息流动更加自由和便捷。全球化使得信息在不同国家和地区之间自由传播，人们可以了解和接触到来自世界各地的信息和文化。全球化带来了文化的多元化和交流，促进了不同文化之间的互动和交融。传播便捷性的提高使得人们更容易了解和接触到不同的文化和观点，促进了跨文化的理解和交流。

由此可见，新媒体的发展改变了受众的思维模式和视觉习惯，同时给视觉语言的传输提供了特别的环境。与传统媒体相比，新媒体的视觉语言表达方式更为灵活和多样，能更全面地满足大众的多元文化需求，并且新媒体媒介的设计能根据用户的反馈，及时优化，强化了传播者和受众的互动交流，给用户带来了更多方面的情感体验[1]。

张利桃和伍文臣在研究中总结出移动终端学习的个性化内容定制、学习的即时性、不受地点约束性等优点使移动学习成为教育界的新领域。移动学习不仅有电子产品学习的优点，并且在移动性、无线性、广泛性和微型化等有自身的优势[2]。徐剑和商晓娟的研究方向以社会热点话题、社会资本以及社会网络参与等为主。研究表明，较早的社交媒体研究是在脸书、推特和聚友等发展和运用的基础上进行的，当前针对各种社交媒体的探究不在少数，跨学科特性较为凸显[3]。新媒体的研究符合社会信息化发展的过程，一直属于促进的状态。在各类研究中，对某一领域的新媒体研究和概括全面的"通论"都有兼得。就前者来说，

① 刘巍巍：《新媒体环境下视觉语言传播的多元变革》，载《今古文创》2020 年第 19 期，第 56～57 页。

② 张利桃、伍文臣：《移动学习——数字化学习的新篇章》，载《内蒙古师范大学学报：教育科学版》2015 年第 7 期，第 147～149 页。

③ 徐剑、商晓娟：《社交媒体国际学术研究综述——基于 SSCI 高被饮论文的观察》，载《上海交通大学学报哲学社会科学版》2015 年第 1 册，第 102～108 页。

例如，"移动新媒体研究""IPTV 技术研究"等属于新媒体的类别研究，"新媒体的法律规制"等属于策略性研究，然而后者的研究大多数以新媒体文化、新媒体传播展开分析。李柏令在书中提到新媒体的合理运用能够解决当前汉语传播工作中存在的很多问题，拓宽汉语传播的渠道，丰富汉语传播的内容，使学习者和传播者有更多的选择①。

20 世纪 60 年代以来，新媒体研究逐渐兴起并持续发展，众多学者针对其对传播便捷性、社交媒体应用、数字化技术发展以及全球化影响开展了广泛研究。新媒体改变了信息的传播方式，提升了传播的效率和范围，尤其在移动应用和社交媒体的推动下，信息传播变得更加即时和互动。21 世纪初期，学者们认识到新媒体的合理应用能够解决传统汉语传播中存在的多个问题，例如，扩大传播渠道和丰富传播内容，为汉语学习者和传播者提供更多元化的选择。然而，尽管新媒体为语言传播带来了诸多优势，相关的融合研究仍相对有限，特别是在如何最大化利用新媒体力量以促进语言传播方面。因此，未来的研究应进一步探讨新媒体与语言传播的融合策略，尤其是如何有效利用新媒体平台，提高语言教学的质量和效率，以及如何更好地理解和利用新媒体在跨文化交流中的作用。这些研究不仅将促进汉语的全球传播，还将推动传播学和语言学领域的进一步融合与发展。

四、新媒体在汉语国际传播中的应用

当前科技发展和新媒体媒介推动了汉语国际传播的发展，单一的传播模式很难让汉语受传者充分地了解汉语和中国文化，新媒体媒介的发展，为汉语传播架起了桥梁。近些年很多学者在这方面开展了研究。

---

① 李柏令：《新思域下的汉语课堂》，上海交通大学出版社 2009 年版，第 129 页。

（一）汉语国际传播中新媒体运用的重要性

部分学者着重分析了新媒体运用的重要性，肯定了汉语国际传播中新媒体运用的价值。黄怀荣在研究混合学习时指出，新媒体其核心在于合适的时间为合适的人采用合适的学习手段和合适的学习方式来传输相应的学习内容和信息①。陈作平在其研究中进一步剖析媒介中的"语法法则"，应在掌握每一类媒介的物理属性、感知方式和制作过程的根基上②。在剖析汉语国际传播的形势和工作时，许琳表明了汉语国际教学应该从六个方面进行调整，其中提到推进教材改革和大力建设网络平台③。程曼丽在研究中表明，虽然，国际传播作为大众传播的一部分，但是在当今情况下，单一的传播渠道满足不了国际传播的需求④。莫智勇在研究中认为，新媒介最突出的特征为"去中心化"，它是一种开放式、多媒体、时间和空间都不受约束的传播体系。新媒介推进了新型信息交易空间，个性化突出的特点和信息流动性较强的模式被引用在新媒体的营运中，使传统的大众传播机制不得不进行改革，推动媒介行业的产业链和价值链重新构造，促使新旧媒体互相融合和共同发展⑤。曹沸和董琳玲在研究中表明，创建"互联网＋"汉语国际文化传播模式，借助新媒体开放性和自主化的特点，汉语受传者合理使用新媒体软件，充分利用新媒体资源进行信息共享，这有利于汉语国际传播的进一步发展⑥。

---

① 黄荣怀：《混合式学习的理论与实践》，高等教育出版社 2006 年版，第 12 页。
② 陈作平：《媒介分析》，中国人民大学出版社 2015 年版，第 2～5 页。
③ 许琳：《汉语国际推广的形势和任务》，载《世界汉语教学》2007 年第 2 期，第 107 页。
④ 程曼丽：《国际传播学教程》，北京大学出版社 2008 年版，第 142～145 页。
⑤ 莫智勇：《数字传播媒介平台化与产业机制探析》，载《现代传播（中国传媒大学学报）》2015 页第 6 期，第 114～117 页。
⑥ 曹沸、董琳玲：《提升汉语国际传播能力新路径》，载《中国社会科学报（网络版）》2021 年 4 月 1 日，https：//iwaes. gmw. cn/iwas/article/Home. jsp？ newsID＝r0UbmZ7q3Wk％3D，2023 年 10 月 15 日。

（二）汉语国际传播中新媒体运用的方式方法

关于如何更高效地使用新媒体开展汉语国际传播，学者们也有多样化的见解。施拉姆在研究大众传播和个人传播媒介的不同时，提出了八个探析媒介的方向，它们是媒介刺激的感官、反馈机会、速度控制、讯息代码、增值力量、保存信息的能力、克服弃取的能力和满足特殊需要的能力。这八个媒介探析的方向，差不多可以用于大多数的传播媒介，从这些方面开展探析，有利于下一步发现媒介的规律、优势和需要提升的地方。陆俭明的研究也表明汉语国际的传播过程中现代信息技术有不可或缺的作用，而在现代信息技术的使用中，"需要"这一要素是需要考虑到的。同时他认为要明确主攻方向，并针对主攻方向提出了几点说明：建立对外汉语教学需要的知识大库，线上汉语授课，设计专门的汉语教学课件①。夏临对运用短视频"讲好中国故事"进行了分析整理，把短视频内容分为了三类，分别是平民生活、中国特色风景和用外国人的视角。并强调，从外国人的角度来讲述中国故事，这可以进一步更加直观地明白外国人真正的关注点，打破了传播障碍②。王国华等根据5W模式，针对自媒体中的信息生产者、传播内容、传播效果和受众接受度等方面展开了分析。并从"洋网红"发布的主题、内容、形式等方面开展了研究，归纳出了"洋网红"的传播效果，包括推动经济、塑造中国形象、宣扬中国优秀传统文化等方面，给予了相对的建议和对策③。

---

① 陆俭明：《汉语国际传播中的一些导向性的问题》，载《云南师范大学学报》2016年第1期，第34~37页。

② 夏临：《"讲好中国故事"主题短视频的国家形象传播策略探析》，载《视听》2019年第11期，第5~9页。

③ 王国华、高伟、李慧芳：《"洋网红"的特征分析、传播作用与治理对策——以新浪微博上十个洋网红为例》，载《情报杂志》2018年第12期，第93~98页。

（三）汉语国际传播中社交媒体平台的重要性

社交软件的发展拓宽了汉语国际传播的渠道。社交软件对于用户自身而言，是一个学习的过程，无论传播对象是具体到个人，或传播给人格化的组织机构，这都可以从不同方式的社交中学习到自身感兴趣的信息和内容①。王勇和李怀苍提出，微信是当今中国学界探究的热点社交软件，中国的微信研究方向主要体现在微信的本体问题、功能问题和应用问题。微信产品部在统计数据中发现，微信公众号在运营前 15 个月，注册数量达到了两百多万，而且之后平均每日增加 8000 个注册账号，信息来往次数每日超过亿次②。随着自媒体行业的不断发展，许多自媒体人都在借助社交软件来开展汉语国际传播，利用自身的留学经历与生活趣事，通过短视频的方式与粉丝进行互动，这促使很多网民对汉语国际传播产生了的兴趣③。李海梅分析了"一带一路"背景下共建国家使用微信开展汉语国际传播的可操作性和价值，并强调，当前微信用户已超过十亿，汉语传播者可以借助微信公众号平台和朋友圈，传播一些中国的传统文化和历史故事，满足汉语受传者的浏览需求，并强调，这种碎片化的学习方式，更受当今汉语受传者的青睐④。张艺馨分析了短视频在汉语国际教学中的影响和地位，并提出了数种汉语国际教学的视频种类，总结出了录制的技巧⑤。莉塞特·托特尼尔（L. Toetenel）研究了社交媒体作为第二语言课堂学习途径的可能性，研究者在英国某所成

① 高嵩、李敏：《社交媒体交往的特征及教育意义》，载《青年记者》2014 年第 13 期，第 62～63 页。
② 王勇、李怀苍：《国内微信的本体功能及其应用研究综述》，载《昆明理工大学学报》2014 年第 2 期，第 100～108 页。
③ 郭薇、于萌：《数字媒介推动汉语国际传播策略的研究》，载《传媒》2018 年第 2 期，第 79～81 页。
④ 李海梅：《"一带一路"沿线地区汉语国际传播的新媒体平台运用》，载《青年与社会》2018 年第 29 期，第 192 页。
⑤ 张艺馨：《对外汉语视频教学及其走势》，华中师范大学博士学位论文，2017 年，第 45 页。

人教育学院开展了调查实验，结果表明，借用社交媒体有利于促使学生之间的沟通交流，提高学生的凝聚力①。李立耀、孙鲁敬和杨家海发现用户通过新媒体软件进行交流互动，构成社交网络。通过这个平台，用户发布信息会传播给他所有的网友。假如这些网友阅览并转发这条信息，那么这条信息会继续传播给其他网友，这两种传播途径可叫作好友路径和转发路径②。吕军伟和张丽维指出，汉语国际教育在线互动教学平台作为一种新兴教学方式，可突破传统汉语课堂教学的时空及师资等诸多局限性，实现实时在线互动汉语教学。汉语在线互动教学平台之独特优势日益凸显，亦渐为学界及市场所关注③。苗小勇和陈仕品分析了在教育中运用脸书的典型案例，并强调了脸书为非课堂化学习和社会化学习交流提供了良好的环境和平台④。

（四）汉语国际传播中新媒体运用的规范性

部分学者从新媒体的汉语国际传播规范性的角度出发，提出了其自身的洞察与见解。关于新媒体环境下新闻语言的规范性，李秋霞提出，在汉语国际传播中，新媒体生态下的新闻语言对国家语言软实力起着重要作用⑤。肖慈敏、夏美玲和寥颖发现很多公众号内容为图片和文章、视频和图片、文章和视频并举，并且大多局限于网络环境中。在新媒体大量信息的冲击下，如果文化的传播知识局限在视觉方面，阅读者会很

---

① L. Toetenel, *Social networking: a collaborative open educational resource*. Computer Assisted Language Learning, Vol. 27, No. 2 (2014), pp. 149 – 162.

② 李立耀、孙鲁敬、杨家海：《社交网络研究综述》，载《计算机科学》2015 年第 11 期，第 8 ~ 21 页。

③ 吕军伟、张丽维：《基于"互联网 +"的汉语国际教育在线互动教学平台建设现状研究》，载《前沿》2017 年第 8 期，第 91 ~ 96 页。

④ 苗小勇、陈仕品：《国外 Facebook 在教育中的应用研究》，载《电化教育研究》2012 年第 5 年，第 110 ~ 115 页。

⑤ 李秋霞：《汉语国际传播视域下新媒体的新闻语言规范分析》，载《中国报业》2016 年第 14 期，第 32 ~ 33 页。

容易遗忘，从而影响传播效果①。

（五）汉语国际传播中新媒体运用的效果

部分学者聚焦于新媒体传播效果。王伟鑫以跨文化较为成功的电视节目为例展开了分析，从传播学角度对汉语文化对外传播模式、内容和技巧出发，剖析并指出新媒体背景下汉语文化对外传播的新方向及如何以此扩大中国文化的感染力②。

综上所述，汉语国际传播的方式需要拓宽，但不能仅依靠传统的传播方式，单一的传播模式很难让汉语受传者充分地了解汉语和中国文化。新媒体媒介的发展，为汉语传播架起了桥梁。自 21 世纪以来，有关新媒体在汉语国际传播领域的研究文献，大部分都是从教育学和语言学的方向展开，并且大多数研究是从汉语国际教育的角度出发。在新冠肺炎疫情防控时期，很多国家对外文化交流活动频率大幅度下降，如何充分利用新媒体资源，如微信、抖音、新浪微博等 App 进行信息共享，促进汉语国际传播的纵深发展，还有待新的探索和进一步研究。

第三节　概　念　界　定

一、语言传播的概念

关于语言传播，很多中外学者都从不同角度提出了概念，语言传播的相关研究起源于 20 世纪 60 年代，有关语言传播较有代表性的研究有

---

① 肖慈敏、夏美玲、廖颖：《新媒体时代中国文化双语传播的实践与分析》，载《商业文化》2021 年第 32 期，第 142～144 页。

② 王伟鑫：《跨文化传播视角下的"汉语桥"节目分析——以 2015 年第 14 届"汉语桥"世界大学生中文比赛为例》，哈尔滨师范大学硕士论文，2016 年，第 1～4 页。

库珀（Cooper, 1982）的《语言传播研究框架》。费史曼等（Fishman et al.）在 1977 年出版了第一部语言传播相关领域的书籍——《英语的传播：英语作为第二语言的社会语言学》。传统的语言传播以线下为主，人们口耳相传，面对面交流。随着科技的介入，语言与新媒体都在不断创新和发展，相关学者针对语言传播和新媒体的应用做了相关理论研究。库珀对语言传播提出了定义，他认为语言传播是随着时间的变化，在某个区域社交圈中扩大对某一种语言或方言的社交功能。库珀在研究中归纳了语言传播的六个重要元素，即：谁、什么时间、在什么地点、什么原因、以什么样的方式、接受何种语言[①]。

综上所述，语言传播是一种在特定时间和空间背景下，通过各种媒介和方式，扩大某一特定语言或方言的社会功能和影响的过程。

二、新媒体的概念

"新媒体"一词当今被广泛使用，新媒体概念的源头一种说法来自传播学家马克歇尔·麦克卢汉。在 1959 年麦克卢汉出席全美高等教育学会的会议时，麦克卢汉以"电子革命：新媒体的革命影响"为题发表演讲，他指出"从长远角度考虑，媒介即是讯息。所以当社会以集体为行动开发出一种新的媒介（例如照片、广播、印刷术和电报）的时候，就相当于赢得了表达新讯息的权利。"虽然麦克卢汉使用了新媒体一词，但是他所说的"新"是相对于"旧"而言的，所以我们现在所说的"新媒体"一词与麦克卢汉所说的不完全相同。如今我们所说的"新媒体"概念源于 20 世纪 60 年代，美国哥伦比亚广播电视网技术研究所所长、NTSC 电视制式的发明者戈尔德马克于 1967 年在一份关于电

---

① R. L. Cooper, *A Framework for the Study of Language Spread and Spread. In Cooper（ed.）Language Spread：Studies in Diffusion and Social Change.* Bloomington：Indiana University Press，1982，pp. 5 - 36.

子录像商品的计划中提出了"New Media"（新媒体）的概念①。

　　联合国教科文组织最早提出的新媒体的定义：新媒体就是网络媒体。《美国连线》杂志将"新媒体"的含义定义为"所有人对所有人的传播"，很多专业机构和学术界人士都从不同的角度对新媒体进行定义，大多数学者都认为网络在"新媒体"中发挥重要作用。网络是"新媒体"的主要表现形式，同时是"新媒体"继续发展的基础，"新媒体"与"网络"共同发展。

　　自 Web2.0 时代以来，互联网步入一个新的征程，手机通信也随之迅速发展，更多新的社交媒体方便了人们的生活，如客户端微信、微博和抖音等，因此，这些也常被称为新媒体。显然，新媒体有别于新出现的媒体，新媒体不仅从时间上进行划分，并且在特征上具有数字化、融合性、互动性和网络化的特点。

　　当前，人们普遍认为新媒体是在新技术的发明下的媒体新状态。新媒体以多种形式存在，如网站、BBS、博客和社交软件等，这些新媒体表现出使用门槛较低、不需要太多技术、互动交流性比较强的特点，是新媒体不同于传统媒体的根本属性。因为互联网的传播信息功能较为强大，新媒体在人们的工作、生活和学习中都扮演着不可替代的角色。

三、语言传播动机的概念

　　语言在国际之间的传播总是存在底层逻辑。学术界有关语言传播的界定里，普遍采纳的概念是"某个原语言群体为了达成某种交际目的而改变其原有语言或语言习惯，并且随着时间推移以及这种变化的认可度提高，其范围会进一步扩大"②。因此在语言传播动机中首要的目的就

---

①　明安香：《信息高速公路与大众传播》，华夏出版社 1999 年版，第 73 页。

②　Y. Wang, D. Zeng, B. Zhu, et al., *Patterns of news dissemination through online news media*: *A case study in China*, Information Systems Frontiers，No. 16（2014），pp. 557－570.

是交流文化以及实现社交目的。

语言的产生和发展是为了满足人类社会互动的需求。人类作为社会性动物，需要通过语言来进行沟通、表达和交流，以实现彼此的了解、合作和支持。随着社会的发展，人们之间的联系日益紧密，语言的传播也变得越来越重要。语言传播的动力体系由推力和拉力构成，动力体系的状况决定着语言传播的速度和成效①。交际动机与文化动机之间存在一定相关性，通常来讲如果一个文明友好程度高，或是其他文明的重要贸易伙伴，那么这个文明的语言相对其他文明来说其交际价值和文化动机就会更明显。其次语言作为文明延续的载体，其在历史长河的进程中更新迭代流传至现代，本身就是文化传承的记载，就有完备的美学价值以及文学价值。因此当一个文明的文化价值吸引学习者时，无论是其文化底蕴还是文化演变，对学习者来说接受该文化的语言传播就是为了了解文化，这是促进不同文明之间交流与对话的最好方式。

政治实力以及军事实力也是决定一个语言能否成为世界主流语言的因素，其中军事实力是更为强势的一方。而当一门语言成为世界主流语言后，想在其他文明进一步巩固地位和拓展影响力则更需要经济实力。考虑到战争是政治的延续，以及经济政治同源不分家，因此一个国家的综合政治实力也是决定该国家语言在世界上传播范围的一个驱动因素。国家的政治综合实力反映在其经济、军事、文化等方面，表现途径为国际贸易、国际会议、国际组织以及各类国际赛事等的话语权上。话语权强的国家，语言会在世界范围内较快传播，而政治实力弱的国家难以在国际舞台发声，其语言的影响力往往十分有限。从世界主流语言的变迁中足以窥见一二，15 世纪前后，当时的西班牙和葡萄牙凭借强大的航海技术在亚欧非大陆进行扩张和掠夺，西班牙语和拉丁语成为当时世界主要流行的语言。而在 15 世纪中叶之后，随着工业革命的发展，英国

---

① 李宇明：《中文国际传播的动力问题》，载《全球中文发展研究》2023 年第 1 期，第 25~41 页。

逐渐崛起并取代葡萄牙和西班牙殖民者的地位，相对应的英语也取代了西班牙语和拉丁语成为世界语言并持续流行。"二战"之后美国在经济军事实力上呈现出一超多强的态势，进一步为英语在世界范围内传播提供了有利条件。而中国在改革开放之后经济实力腾飞，汉语也逐渐在世界范围内被接受认可，各地雨后春笋一般出现了孔子学院，也有越来越多来华留学生学习汉语。

传播动机是指所传播特定内容物行为的驱动力，反映着行为背后的动力机制和要素。本书中，传播动机涵盖商业要素、教育要素、文化要素、社交要素和休闲要素五大维度，能够更细颗粒度地反映不同维度动机与行为之间的作用机制。

四、语言传播行为

新媒体汉语国际传播行为主要指借助新兴媒体平台传播以汉语为主要语言的内容物的国际行为，其强调受众的全球化与传播内容的汉语属性，这一变量主要涉及两个方面的研究，其一是传播行为的主体；其二是新媒体传播平台。首先从传播主体来看，根据语言传播动机的动力机制，将由政府来统一调控，如在学校设立语言类课程、在海外设立孔子学院等行为划分为政府导向驱动的汉语国际传播；将由语言传播者、语言受传者主动主导，市场化的传播行为划分为市场导向的汉语国际传播。政治导向的语言传播可以通过制定语言政策来推动特定语言的传播和使用，如语言的确定、教育体系中的语言政策、法律和规定中的语言要求等。借此，各国在官方的宣传媒体或宣传工具上可以传播政治信息和意识形态，并通过控制和审查言论来影响语言传播，限制特定话题的讨论、封锁或审查特定媒体，对异议言论进行打压，这可能涉及特定语言的选择和使用，以及对外语言的限制或排斥。而市场导向的传播行为指在商业环境下，语言的传播和使用受到市场需求和经济利益的驱动，强调语言作为一种交流工具和商品的价值，以及通过满足市场需求来实现商业目标。

本书中，新媒体汉语国际传播行为聚焦于个体价值导向和数字技术赋能的行为，也就是个人的市场数字行为，政府行为不在本书的研究范畴之中。因此，本书着重考量传播行为所涉及的五大重要维度，分别为传播平台、传播场景、传播内容、传播方式和传播频率。

传播平台是指汉语国际传播行为中所借助的新媒体平台，传播场景是指汉语国际传播行为实际发生的场合形态。比如，基于新媒体的语言传播可能发生在人们的通勤途中，也可能存在于正式的授课学习场合，抑或是其他社交、娱乐等多元丰富的场合；一般来说，不同的传播场景会在传播行为特征上呈现出显著的差异，更可能对传播效果有异质性的作用机制。

传播内容（产品）是指个体在新媒体上传播汉语时，传播何种形式的汉语，以何种内容呈现。比如，在传播平台上，存在着多元丰富的传播内容，语言教学、新闻报道、个人即时分享、推介宣传、广告等，不同的内容面向不同的受众群体，能够产生不同的作用效果。

传播方式是指汉语在新媒体上开展传播时，采用了何种形式。一般来说，传播方式包含但不限于文字形式、视频形式、音频形式、图片形式、直播形式等，不同的传播形式有着不同的特点和适用情境。

传播频率是测度衡量个体用户在使用新媒体开展汉语国际传播时，多久传播一次。不同的传播频率会极大地影响传播效果和传播成本等要素。

五、语言传播效果

新媒体汉语国际传播效果旨在衡量新媒体汉语国际传播行为的主客观结果，随着互联网技术的迅猛发展，新媒体已成为全球传播的重要手段之一。新媒体汉语国际传播极大地拓宽了传播范围和受众群体。传统媒体以及传统的语言传播方式受制于时间和空间的限制，传播效果有限，而新媒体则能够突破时空的限制，实现全球范围内的即时传播。通过社交媒体平台，汉语国际传播可以覆盖到全球各个角落的用户，无论是学习汉语的外国人，还是对中国文化感兴趣的人群，都可以借助新媒体了解中国。从传播形式上看，新媒体汉语国际传播提供了更丰富多样的传播形式。传统媒体以文字主要形式，而新媒体则更加注重互动性和多样性，可以通过文字、图片、视频、音频等形式开展传播。借此，汉语国际传播可以更加生动直观地展示中国的文化、历史、风土人情等内容，吸引更多外国人对中国产生兴趣和关注。

从传播有效性上看，新媒体汉语国际传播提供了更直接的交流渠道。通过社交媒体平台，外国用户可以直接与中国人开展交流和互动，提出问题、讨论话题、分享观点等。这种直接的交流渠道不仅加强了不同文化之间的理解和沟通，也帮助外国人更好地学习和掌握汉语。并且新媒体平台提供的数据分析功能也可以进一步了解到用户的兴趣、偏好、行为等信息，从而有针对性地进行内容创作和传播。借此，汉语国际传播可以更好地满足用户的需求，提供更具吸引力和实用性的内容，从而提高传播的效果和影响力。

新媒体汉语国际传播效果主要衡量新媒体汉语国际的传播行为所带来的一系列可评估的结果，通过引入科学的指标体系进行测度，包含定性测度框架和定量测度框架，能够较好地对新媒体汉语国际传播行为进行评估。

六、传播动机、传播行为、传播效果间的关系

在汉语国际传播的过程中，个体用户在新媒体上所表现出的各种行为，如传播平台、传播场景、传播内容、传播方式和传播频率等，显然都受到了其自身传播动机的影响，不同的动机驱动了个体表现出了差异化、异质性的行为特点和行为趋向。有学者指出，个体用户的新媒体传播动机越强，其所展现的对应传播行为特征便越突出，行为强度越强；

个体用户所秉持的不同传播动机，会引致差异化、异质性的新媒体传播行为特征；个体用户每次传播可能会同时拥有多种传播动机，占据主导地位的动机主要决定着用户的新媒体传播行为特征。

另外，不同的行为组合会引致不同的结果。在新媒体传播情境下，个体不同的传播行为组合，能够引发不同的传播结果；相同的传播行为组合下，不同强度的传播行为，会带来不同强度的传播效果。个体用户的传播行为强度越强，传播效果特征便越突出；个体用户传播行为特征会因动机不同而有所差异，由此导致传播效果有所差异；个体用户传播不同的行为维度组合，会带来不同的传播效果，传播效果的不同维度因此会有不同的绩效水平。

总的来说，在汉语国际传播中，个体用户在新媒体上的传播行为受其传播动机的影响很大。不同的传播动机会导致个体用户表现出差异化、异质性的传播行为特征，而主导地位的动机决定了用户的主要传播行为特征。此外，不同的行为组合也会产生不同的传播结果，传播行为的强度越大，则传播效果越突出。因此，个体用户的传播行为特征和传播效果受到动机和行为组合的影响，这对于理解和分析汉语国际传播的过程和效果具有重要意义。

第四节　研究思路与框架

在新媒体汉语国际传播应用的相关研究中，部分学者从新媒体的视角对汉语国际传播行为进行了整合研究，聚焦了传播动机、传播行为、传播效果、传播情境等要素，取得了初步的研究成果。本书基于过往相关研究整合出应用于本书的新媒体汉语国际传播模型，即"传播动机—传播行为—传播效果"。具体如图 0-2 所示。

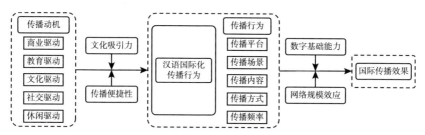

图 0 – 2 新媒体汉语国际传播整合框架

资料来源：笔者统计于 2023 年 3 月。

汉语国际传播领域的学者们主要关注基于新媒体平台的汉语国际传播个体行为，以及行为的前因变量、结果变量和情境变量。本书基于新媒体视角开展汉语国际传播研究，有利于弥补当前汉语国际传播研究领域"传统传播渠道多，新传播渠道少"的不足，有利于更深层次地挖掘汉语国际传播个体行为背后的行为动机和行为效果，为汉语国际传播实践提供理论借鉴。新媒体汉语国际传播效果的洞察，能够在一定程度上弥补以往研究"重行为、轻结果"的不足，有利于有效、全面、多层次地反映传播成效。

总体来说，本书传播动机着重考量五大驱动要素；传播行为重点研究了不同传播主体的多样化、个性化传播行为，关注了传播平台、传播场景、传播内容、传播方式以及传播频率等维度；传播效果则聚焦于观察汉语通过新媒体传播达到的全球主客观强化效应。本书各章节内容概述如下：

第一章，新媒体在汉语国际传播中的应用概况。包含汉语国际传播的历程、新媒体在汉语国际传播中的应用和新媒体在汉语国际传播中的应用特点及作用。

第二章，新媒体在汉语国际传播中的应用现状调查。包含在华留学生使用中文新媒体软件学习和生活的问卷调查、在华留学生使用新媒体软件学习汉语的访谈、汉语传播者使用新媒体传播汉语的问卷调查和汉语传播者使用新媒体软件传播汉语的访谈等部分。该章节旨在收集本研究调研数据，整理并分析调查结论。

第三章，新媒体在汉语国际传播中的应用问题。通过调研结果，尤其是访谈部分的结果，整理出新媒体在汉语国际传播中实际应用时出现的问题，分析原因所在。应用问题分别从汉语受传者"在华留学生"和汉语传播者"教师"的角度发现与总结。问题主要涵盖了被访者使用中文新媒体开展汉语传播学习行为的传播内容、传播方式、传播效率、传播场景及传播平台等部分。

第四章，新媒体在汉语国际传播中的优化建议。基于对汉语受传者和汉语传播者两方的问卷调查数据及深度访谈结果，总结出前面章节中展现的应用问题，基于此提出针对性的改进措施。内容包含传播内容的优化整合、传播方式的个性化发展、传播效率的专业性提升等部分。

第五节　研究方法与创新

一、研究方法

（一）文献资料法

本书通过搜集大量的传播学、汉语国际传播、语言学等方面的文献资料，用卡片和笔记的形式进行分析和归纳，以对汉语国际传播、新媒体、语言传播以及新媒体在汉语国际传播中的应用等内容有较为深入的了解，并分析整理出本书的研究思路。

（二）问卷调查法

在针对相关文献查阅、分析的基础上，结合语言传播、汉语国际传播、新媒体运用和新媒体媒介等相关理论，设计调查问卷，对 377 名汉语受传者和 254 名汉语传播者开展调查，调查的内容主要包含汉语受传者的学习动机、途径和对接收到汉语学习内容的质量评价，以及汉语传播者的传播方法和内容等。

（三）深度访谈法

通过分别与 6 名汉语受传者和 4 名传播者的深入访谈，了解汉语受传者学习汉语的动机，使用新媒体接收汉语传播的情况，以及汉语传播者通过新媒体开展汉语国际传播的动机、现状，归纳出目前新媒体在对汉语国际传播应用中存在的不足之处，并提出相关的改善措施。

二、研究创新

（一）研究视角

有关汉语国际传播的已有文献，大部分研究都是从教育学和语言学的方向展开，并且大多数研究是从汉语国际教育的角度出发，即使有从传播学角度开展研究的，但是随着传播学的不断更新与发展，很多研究已不适应当前的时代要求。因此，本书弃用传统的研究模式，以符合时代发展需求的研究理论为出发点，不仅基于语言学和教育学的知识结构，并且结合语言传播的相关内容体系，从新媒体的视角研究新形势下的汉语国际传播，为汉语的国际传播开辟一条新的路径。

（二）研究内容

通过阅读有关新媒体与汉语国际传播的相关文献，发现很多研究学者都是从汉语教学和汉语教师等方面开展研究，而鲜少有从媒体传播学方面展开研究。本书将运用新媒体推广汉语国际传播为目的，侧重于汉语传播中的传播动机、传播行为、传播效果三大问题，将传播汉语的新媒体软件，如微博、抖音和微信等中国使用率较高的新媒体平台纳入研究范围，分析当前汉语国际传播的现状和在发展中遇到的困难，以及制约汉语国际传播发展的因素，运用新媒体推动汉语国际传播发展的对策。

（三）研究方法

本书运用文献资料法、问卷调查法和深度访谈法的研究方法，运用传播学、语言学、汉语国际传播和新媒体最新的研究成果，对新媒体在汉语国际传播应用情况开展调查和分析，从而将定量研究和定性研究结合起来，以期得到更为科学、客观、准确的研究结果，并以此提供更具针对性的建议。

第一章

新媒体在汉语国际传播中的应用概况

第一节　汉语国际传播的历程

一、汉语在欧美国家的传播

汉语至少从先秦就不停向四方蔓延，在汉代已经传播到中亚，并沿着丝绸之路向西延伸到西亚和欧洲。但是在西方国家真正的传播汉学是在马可·波罗之后，很多学者和传教士将关于中国的现状和语言的报道陆续传入西方。尤其是在明朝的中后期以后，如叶合逊、马士曼等学者对汉语开展了很多探究，为汉语在西方的传播产生巨大的影响。其中有些学者对汉语较为了解，甚至研究过中国方言；而也有很多学者没有到过中国也不会说汉语，他们大多数是通过文献或者译文材料来开展汉语研究。不会汉语口语而从事研究，是当时西方汉学研究的特色①。如今，西方汉学也发生了很多的变化，越来越多的人懂得汉语的口语和书写，但是，早期的汉学传统在西方很多国家中的汉语研究中产生了很大

---

① 李宇明：《重视汉语国际传播的历史研究》，载《云南师范大学学报》2007 年第 5 期，第 4~6 页。

的影响力。

新中国成立以后，清华大学录取 33 名来自东欧的交换生，主要目的为学习汉语。从此开始，汉语作为第二语言的教学活动慢慢开始发展。在之后的 50 多年中，设立了"对外汉语教学"这门课程，出版了很多教材和工具书籍，培养了大量的汉语教学老师，成立了相关的政府机构、学术团体、专门学校或专业，也建立了很多与汉语教学相关的学术刊物，培育了上百万的外国留学生，积攒了很多汉语教学的经验，汉语作为第二语言的教学活动快速发展，为汉语国际传播奠定了扎实的基础①。

海外华人华侨的后代虽然出生和成长在国外，受当地文化的影响，文化认同会更容易发生改变，但是这些后代基因依旧保存着中华文化的底子，在认同上会依然更偏向于中国文化②。在 2010 年，意大利相关机构对意大利华人开展了一项调查，无论是华裔的一代还是二代，他们会偏向于选择中文报纸、中文网站和中文电视。20 世纪 90 年代，有学者对夏威夷的华人开展了 500 个样本调查研究，主要调研华人的文化延续和教育问题。结果显示，夏威夷的华人在某些方面依旧延续着中国的传统文化。100% 的被采访者表示强烈同意或同意晚辈要尊敬长辈，95% 的人表示良好的教育对一个人十分关键；75% 的受访者表示华人无论出生在哪里，在哪个国家生活都需要有较强的中华认同感③。不可否认，尊重祖先和中国传统文化，才能保证中国文化的延续。海外华人对汉语的保持和文化的延续离不开他们对于中国传统文化的重视。黄玉雪是美国华裔二代移民的女作家，她在文章中曾提到，中华文化的印记和中华文化的认同与其家庭教育密不可分；虽然身处海外，黄玉雪的父亲一直非常重视对子女进行中华文化熏陶，注重培养子女对中华文化中传统伦

---

① 李宇明：《重视汉语国际传播的历史研究》，载《云南师范大学学报》2007 年第 5 期，第 4~6 页。

② 郑惠文：《新时期我国汉语国际传播政策研究》，湖北工业大学硕士学位论文，2021年，第 39 页。

③ 吴燕和：《华人儿童社会化》，上海科学技术文献出版社 1995 年版，第 105 页。

理道德的认识①。

　　步入 21 世纪以来，中国迅速发展，已经深度融入了全球化体系，全球各国对汉语沟通的要求都有所提高，仅仅让在中国的留学生掌握汉语已经不能满足世界经济和文化等发展的要求。为适应全球持续升温的"汉语热"的发展，并为全球各国汉语传播的发展和中外交流提供一个更好的平台，2005 年 7 月由中华人民共和国教育部创办的第一届世界汉语大会在北京召开，本次会议的召开为汉语作为第二语言的教学和传播创造更多的机会，这不仅使更多的外国友人到中国学习汉语，也促使很多外国友人在当地学习汉语②。自 2002 年开始，"汉语桥"世界大学生中文比赛开始举办，目前比赛已经覆盖 160 多个国家，超过 140 万名的汉语受传者参与比赛，每年都有 1 亿多的海外汉语受传者通过各种途径观看比赛。2022 年 9 月，首届"汉语桥"全球外国人汉语大会——故事会正式启动，此次的比赛将新媒体融入，来自全球各地的汉语受传者相聚在云端，共同使用汉语讲述了更多的世界故事，让汉语走向世界，世界拥抱汉语，推动了全球各国的互相理解、沟通和交流，实现了"天下一家"的人类命运共同体的价值观。

　　截至 2020 年年底，全世界有 70 多个国家将汉语课程纳入当地的教育体系中，海外友人学习汉语的人数已达 2500 多万人。10 年前，在法国学习汉语的人数不到 5000 人，截至 2020 年已有 44000 多人学习汉语，短短几年法国也已经有 500 所学校开设了汉语课程③。显然，汉语国际传播事业的发展已经具备了良好的基础。近年来的发展现状明确表明，当今的汉语国际传播在不断地发生变化和具有影响力，借用好的历史资源和经验的基础上，语言的传播需要媒介，更需要方式和手段，将汉语国际传播的方式不断拓宽。

---

① （美）黄玉雪：《华女阿五》，译林出版社 2004 年版，第 98 页。
② 高艳鹏：《基于 SWOT 理论的辽宁省汉语国际传播研究》，辽宁师范大学博士学位论文，2019 年，第 45 页。
③ 宇露：《法国汉语传播研究》，吉林大学博士学位论文，2019 年，第 45 页。

二、汉语在亚洲国家的传播

汉语在国外有比较长的传播历史，汉唐为盛，发展到现在仍具有重大意义的"汉字文化圈"，其主要是在越南、朝鲜半岛、日本等地区。

郭熙提到，"华语"这一说法最早出现在隋唐时代，它的意义与"夷音和夷言"相对，相当于所说的"汉语"①。在 20 世纪末期，"华语"的含义慢慢地变为与汉语地方语言相对的海外华人的共同语言。华语虽说是以普通话为标准的，但是由于受海外当地事物、方言或风俗的影响，华语也出现着不同的特点和异域风情。截至 2021 年，在海外的华人华侨数量已高达 6000 多万人，而在东南亚地区的华人华侨就有4000 多万人，占全球华人比例的 70%，是目前汉语国际传播最突出的地带，而在海外的这些华人华侨都是汉语的国际传播员，他们对汉语的保持及其对后代的汉语教育，显然应该得到中国的鼎力支持。② 随着中国的综合国力不断提升，"一带一路"倡议的不断推进，汉语在东南亚地区的发展渐渐从"华人学汉语"转向为"全民学汉语"的导向。自21 世纪以来，汉语在东南亚国家的推广有华文教育，也有第二语言相关课程，汉语国际传播的对象在逐渐低龄化和多民族化。

汉语的逐步民族化，使得汉语在很多国家越来越引起重视。在日本，每年都会举行汉语水平考试，截至目前，已经有 4000 多万人参加过汉语水平考试。在通信设备方面，800 多万台移动电话有 2/3 的手机可以直接传输汉语信息。日本的计算机公司汉字字库字体有 2900 多款，很多学校从小学开始提倡学习《论语》，日本和韩国都曾探讨过废除汉字，但是最终都没有，当今这些国家都理性地认识到汉字存在的重要

---

① 郭熙：《社会语言学》，浙江大学出版社 2004 年版，第 217 页。
② 刘晶晶：《东南亚汉语传播：现状、困境与展望》，载《沈阳师范大学学报》2020 年第 2 期，第 123～128 页。

性。韩国前总统金大中曾经提到："韩国的各种历史古典文字和史料仍以中国汉字书写，如无视汉字，将难以理解我们的古典文化和历史传统"。① 2004 年 9 月，越南著名法学家范潍义牵头十几位有影响力的学者上书教育部，其内容是建议从 2005 年起在越南中小学必修汉语的制度，并规定在中小学毕业时，达到相应的汉语水平测试标准。这些学者的建议是对越南历史和文化传统的延续问题的反思的结果。到过越南的人都会注意到，越南的历史文化和习俗与中华文化密不可分，比如，在结婚时同样用到红双"喜"字，年画上会有常见"福"字，很多著名的古迹都有着汉语古诗词的衬托。显然，汉语已经成为很多国家的文化根基，成为他们民族语言重要的一部分。自 2005 年起，韩国政府部门发文要求，所有的交通标识和公文文件等相关领域，全部恢复使用汉字和汉字标记，规定将目前完全使用韩国文字的公务文件改为韩汉两种文字并用。

近代以来，许多华人漂洋过海，在东南亚国家和地区工作、学习、生活，无论在哪个国家，都会有华人的足迹，也都会听到汉语的声音。汉语有普通话与方言之分，早些年，华人带到海外主要以方言为主，渐渐地形成了华人区，为方便来自不同方言的华人沟通交流，并且对下一代子女开展汉语教育，普通话在海外开始逐渐发展。中国多次的语言变革活动，如白话文运动、文字改革等，都对海外的汉语教育和华人社交产生一定的影响。尤其是在 20 世纪下半叶，在东南亚的很多国家中，有大量的华人安家，如泰国、新加坡、马来西亚等国家，这些华人形成了"华族"，因此"华语"变成了海外华人对普通话的称谓。受日常交际和大陆新移民的熏陶，很多海外华人圈将普通话与方言并用。

20 世纪开始，汉语国际传播在海外的发展逐步完善和扩大，以东南亚地区来说，主要以华人华侨创办的华文教育机构的模式。1989 年，

---

① 李宇明：《重视汉语国际传播的历史研究》，载《云南师范大学学报》2007 年第 5 期，第 4~6 页。

菲律宾第一所华文学校中西学堂建立；1901 年，印度尼利亚中华学堂建立；1904 年马来西亚中华学堂建立；1914 年，柬埔寨端华学校建立；1916 年，文莱中华学校建立。从菲律宾创办的第一所华文学校开始，东南亚各国开始陆续将汉语国际传播推进，到现在已有 100 多年的历史，很多国家汉语推广已经从幼儿园、小学和初中等基础教育开始到大学的范围。马来西亚是华文教育推广最重视的一个国家，其教育体系较为完整，现在已经拥有华文学校 1300 多所。自 2011 年缅甸允许创办私立的中小学后，当前也有 100 多所学校安排了专门的汉语课。在东南亚地区的高校，也都开设了相关的汉语专业或汉语课程。

孔子学院和孔子课堂也在不断地创办，截至 2019 年 12 月，在东南亚地区共创办了 39 个孔子学院和 22 个孔子学堂，其中泰国的占比最多。在高等教育阶段，马来西亚共 20 所公立学校，都开设了华语选修课程，为培养中学华文教师，苏丹依德理斯教育大学开设了中文教育组[①]。据中国商务部网站的数据截至 2018 年 7 月，中国与东盟国家的进出口往来已接近 3300 亿美金，其中，马来西亚、越南、菲律宾、新加坡和印度尼西亚五个国家的贸易占 87.1%，2019 年起，虽然受到新冠肺炎疫情的影响，中国与东盟国家的贸易依旧在持续进行。共建"一带一路"的政策推进，促使中国政府和东南国家友好和平关系进一步增强。目前，泰国已形成"母语国政府主导、民间响应、中国支持、媒体造势、超长发挥"的汉语快速传播模式[②]；人们的文化认同感也在不断包容和加深为其他国家汉语国家传播事业的推动提供了借鉴。显然，汉语国际传播事业的发展在东南亚地区有"天时、地利、人和"的独特优势。

从上述文献资料可以看出，东南亚各国政府和华人华侨对中国经

---

① 王瑞昕、吴应辉：《中文教育在马来西亚教育体系内外发展现状及特征研究》，载《四川师范大学学报（社会科学版）》2022 年第 4 期，第 134～143 页。

② 吴应辉、杨吉春：《泰国汉语快速传播模式》，载《世界汉语教学》2008 年第 4 期，第 125～133 页。

济、文化、教育和汉语等方面普遍认可，中国以丰富的文化底蕴和良好的发展形势吸引着全球人民的关注，为了汉语在中国及海外的传播与发展，学术界研究了"大华语"的定义，赵世举从使用人群的角度把华语界定义为"全球华人（包括中国人）的共同语"①。希望各华人的社区相互尊重，相互沟通，趋同存异。也有很多学者表示，简体字和繁体字都是中华民族的特色，要呼吁海外华人互相学习，使用简体字的华人区须"用简识繁"，使用繁体字的华人区也能"简繁由之"，在相互尊重、协商和汉语实践的基础上，合理解决简体字和繁体字的分歧问题。汉语的国际传播和延续受到海外华人的普遍重视，但是也须充分认识到通过新的传播媒体来推动汉语传播事业的蓬勃发展。

第二节　新媒体在汉语国际传播中的应用

一、新媒体在汉语国际传播中的应用概况

（一）新媒体在汉语国际传播中的兴起

随着互联网时代的不断发展，汉语国际传播的发展与新技术、新产品互相融合，才能更好地推动汉语国际传播事业的发展。借用新媒体平台推动汉语国际传播更符合当今人们获取信息的需求。新媒体传播汉语具有超时空性，通过新媒体，不仅为人们提供了丰富多彩的汉语信息，受传者可以存储更多的汉语信息内容，满足了解汉语、学习汉语的碎片化学习需求。现实生活中，大多数人在通过关键词检索自己所需的信息，而汉语受传者可以通过社交软件、学习软件进行检索信息和线上交

---

① 赵世举：《国家软实力建设亟待研究和应对的重要问题》，载《文化软实力研究》2016 年第 2 期，第 36~51 页。

流，有效地获取所需的信息资源。在新媒体基础上，汉语国际传播主要可以应用在翻译、社交软件、学习 App 和网站四个方面。

新媒体最早在汉语国际传播中的应用主要是翻译功能，除了人们日常用的较多的百度和谷歌等常用的翻译平台以外，在海外 Hanping 和 Pleco 等软件的使用率也很高。Pleco 是海外推出的时间较早且功能较多的汉语学习 App，基于移动终端的学习软件不仅方便汉语受传者的学习，并且有较强的交互性的特点，为汉语受传者提供全方位的支持。在汉语国际传播中，基本上所有的汉语受传者都会借助网站和 App 来进行辅助学习，汉语受传者依靠这些软件可以获取很多有关汉语词义、拼音和例句的知识，通过使用汉语教学 App，有效地提高了汉语受传者的效率和兴趣，但是这些 App 所提供的功能基本上都是辅助学习进行记忆，功能较为单一。

传统的汉语传播方式主要通过线下面对面开展，传播内容受到了很大的限制，很多汉语受传者因为客观条件等原因无法身临其境。然而，借用新媒体传播汉语，可以完美地将影视和音频结合，提升汉语传播者和汉语受传者的远程互动和学习效率。由此，汉语受传者使用新媒体的自由度更高，并在很大程度上节省了经费。潘佳盈以网络大学研究为基础，探究了利用互联网教学在泰国汉语教学中所遇到的实际问题与现状，并提到当前在泰国利用互联网传播汉语运用率较低，但是合理利用新媒体教学是未来几年在泰国地区开展汉语传播的必然趋势①。"你好，中国"系列 App 是中国官方正在筹划的有关新媒体汉语推广的一个项目，它借助移动手机端开展汉语传播的汉语类 App，比较适合初级汉语受传者用来学习汉语和中华传统文化，它具有视频播放、汉语书写、汉语发音的功能和内容，可以有效地提高汉语传播的效率和质量。

当前科技发展为汉语国际传播提供了良好的条件，互联网时代促进

---

① 潘佳盈：《泰国高校汉语 E-learning 教学方式的现状与发展——以 Tailand Cyber University 为例》，载《汉语国际传播研究》2014 年第 1 期，第 101~109 页。

了各类媒体的迅速发展。为促进中国汉语国际传播提升的效果，须充分利用现代科技，打造"全媒体＋"汉语国际传播模式①。中国面向全球的各类汉语传播资源可分为汉语学习资源类、社交软件类和移动软件类。有关汉语学习的网站，有部分为政府或高校所运营的官网，如网络孔子学院，对外汉语教学网、网上北语和汉语阶梯网等，这些网站可以为汉语受传者提供专业的汉语学习课程和学习资料，且专业性较强，可免费使用。也有一部分私企所运营的网站，如中国网学汉语网和 Italki 等，这些网站可以帮助汉语受传者提供一些有关汉语等级测试的学习资料。另外也有一部分汉语传播者自己创办的网站，如论坛和博客等，可以让汉语受传者实现互动和资源共享。在新媒体软件没有普及之前，大家了解和学习汉语的方式大多是通过线下课堂或会议交流，所接触的内容有限，显然很难将所学习的内容运用在生活中。而新媒体软件的诞生，尤其是社交工具软件在一定程度上帮助汉语受传者解决了非目的语境的问题。

当前，中国在逐步借助新媒体作为传播媒介，设置了很多关于汉语国际传播的线上课程，例如，线上孔子学校，并创新了信息资源结构。来自全球各地的学生可以不受空间和时间限制在网上检索到相关的汉语信息，同时汉语传播者也可以在平台上互相分享授课技巧和课程案例，以此提高实际的汉语传播内容。在对外汉语传播的过程中，不仅仅传播了汉语，同时也传播了中国的本土文化。弘扬中国的传统文化，帮助中国文化及语言走出去，使更多的国家了解中国文化。如今，中国的各个媒介组织都在设计有关与文化传播相关的节目，其中，有很多高水平且有特色的节目深受全球各国人民的欢迎。如通过《我们诞生在中国》传播了中国的地理知识和本土动物；《舌尖上的中国》主要宣传中国的特色小吃和饮食文化；《我在故宫修文物》宣传了中国的历史知识和文物。这些节目可以在很多视频 App 上进行搜索观看，进一步为中国与其

---

① 姚芳：《中国对外汉语传播模式的创新》，载《南方论刊》2023 年第 2 期，第 78~80 页。

他国家之间的文化传播媒介奠定了基础。中国的文化、习俗和价值与其他地区存在着一定的不同，但是，将中国的信息向全球进行宣传，引起了更多海外人士的关注和理解以及热爱，这对中国文化的传承和全球化有很大的影响，这些中国文化的受传者同样还会继续进行宣传，比如英国的蝴蝶奶奶，还有韩国的郑晓贞，她们的直播内容都对中国文化的传播产生了一定的影响力。

QQ 是起初人们使用比较早的一款社交软件，此软件中的很多功能都可以帮助人们在非目的语境中学习汉语，比如，在 QQ 音乐的功能，汉语受传者可以从中获取中文歌曲和中国民俗音乐，其 QQ 空间的功能可以在里面分享日志和心情，无论是转载的文章还是自己写的短句都可以从中提高汉语写作技巧，在线阅读可以帮助汉语受传者多渠道地了解中国。2014 年 QQ 国际版正式上线，这为外国人使用 QQ 提供了更大的便利，软件中具有实时翻译的功能，语言服务多达 50 多种。

自 2011 年微信 App 正式上线以来，短短几年就发展成了在中国日常生活中不可缺少的社交软件之一，微信的不断创新，尤其是它的公众号、朋友圈、视频号和直播功能，具有出版周期短和互动性强的特点，很多行业及个人充分利用微信的特点进行宣传。如微信的公众号管理平台可以为汉语国际传播事业提供更多的信息资源，其内容多元化，形式更加灵活。当前很多汉语传播的公众号，上面包含着大量的信息，有中华传统文化也有汉语教学的知识和技巧，通过文字、图片和视频等展现在平台上。国际版微信 App 于 2013 年正式推出，与中国的微信功能相似，并且在国际版的微信中安装了脸书的插件，这更加方便了海外人士使用微信。

另外，互联网直播近年来风靡全球，截至 2023 年 12 月，网络直播用户达 8.16 亿人①。受新冠肺炎疫情的影响，人们出行大幅度减少，很

---

① 南方都市报：《主播账号超 1.8 亿 用户规模 8.16 亿》，2024 年 6 月，https：//baijia-hao. baidu. com/s？ id = 1802422887791229101&wfr = spider&for = pc。

多学术交流、赛事活动都改为直播模式。中国的抖音、快手和映客等平台受到很多海外人士的欢迎。抖音海外版 TikTok、YY 直播旗下的 BIGO LIVE 主要流行在马来西亚、新加坡、泰国、印度尼西亚、菲律宾、俄罗斯、中国台湾等国家或地区。2024 年 5 月 Statista 更新了 TikTok 相关数据，TikTok 全球高达 15.6 亿月活跃用户，在受欢迎的社交软件中排在第 5 名[①]。这些直播软件流行于很多国家，对合理利用网络直播平台推动汉语国际传播创造了机会。网络直播平台可以帮助汉语受传者更快地融入文化情景和氛围，为汉语受传者提供更地道的中国本土文化的学习内容，网络直播平台极强的互动性更有利于汉语受传者掌握中国文化和语言。同时为外国留学生提供了更多发挥自己的渠道。

从新媒体在汉语国际传播的应用来看，线上汉语学习平台和社交软件的研发可以帮助汉语受传者摆脱时间和空间的局限性，进行独立自主的汉语学习。相比传统的汉语传播模式，线上汉语传播更加开放、创新、生动有趣。但是当前线上汉语传播有很多内容并不标准，因此，新媒体在汉语国际传播的发展依旧有很大的发展空间，因此，线上汉语传播平台仍须不断的研究和完善。

（二）新媒体教学成为汉语国际教育的新生力量

目前中国在汉语国际传播方面所做的一项重要工作是通过在世界各地设立"孔子学院"与"孔子课堂"，开展汉语教学；培训汉语教师、给世界各地的汉语受传者提供汉语教学资源；提供中国教育、文化等信息咨询。但是，随着国际上对汉语学习需求的快速增加，国际汉语教师数量不足的问题日渐突出，通过外派教师传播汉语的受众规模还是相对较小的，远不能满足全球对汉语学习的需求，慕课平台等新媒体教学方式正好可以弥补传统授课模式的不足，满足更多汉语受传者

---

① 正派跨境电商：《2024 年 TikTok 全球最新数据，月活跃用户 15.6 亿》2024 年 5 月，https：//weibo. com/ttarticle/p/show？id＝2309405034177471840263。

的学习需求①。

首先，在受众规模上，网络教学可以同时对全球各地的学习者开放，大大提高了传播效率。其次，网络传播速度快，可以看到各类现场直播的节目，很多汉语受传者喜欢在收看、收听中国的新闻节目时学习汉语，既可以模仿主播的发音，又可以了解当前中国的国情，可以及时地、直接地听到"中国声音"。再次，新媒体汉语教学灵活性强，音画结合的方式令汉语受传者在轻松愉快的氛围中提高学习兴趣。网络信息丰富，学习者可以选择自己感兴趣的内容，也可以选择自己空闲的时间段来学习，给汉语受传者提供更大的自由度，充分发挥了学习者的主动性。最后，通过新媒体学习汉语的成本较低，只要有网络就可以自学，不需要再额外支付请教师教学的费用。总之，新媒体的发展为汉语教学与中华文化的国际传播提供了更大的空间和发展前景。

（三）手机媒体成为汉语国际传播的重要平台

在众多的新媒体中，智能手机已成为很多人必不可少的主要信息终端，人们可以借助手机获得图文以及声音、视频等各种信息，手机的电脑化正在成为一种趋势，但与网络媒体相比，手机媒体还具有相当的独特性。比如手机短信，其编辑与接收都非常简单，收费价格明确而低廉，这种传播手段可以满足受众一对一传输信息的需求，彩信又在其基础上突破了短信发送内容只限于文字和图标的局限，因而为大众所乐于接受，使用频率极高。

另外，一些致力于汉语国际传播的微信公众号也通过手机联系了世界各地的汉语受传者，为大家提供资讯和帮助，这也是新媒体为汉语国际推广带来的新变化。比如，"孔子学院"公众号是孔子学院总部创办的，面向全世界的汉语教师和汉语受传者，公众号几乎每天都有更新推

---

① 侯艳、刘芸：《新媒体在汉语国际传播中的应用研究》，载《桂林航天工业学院学报》2019 年第 2 期，第 311～314 页。

送新的内容，发布各地孔子学院的最新动态、学术会议信息、介绍汉语教学方法与案例、优秀学生的经验、分享中华传统文化与当代中国国情等，内容非常丰富而实用，受到各国汉语受传者的欢迎。目前，类似的公众号专业网站以及线上汉语教学平台还不是很多，还不能适应当前汉语国际推广迅速发展的需要，因而还要进一步加强重视，由权威部门及专业团体来设计开发出更多的相关程序，充分利用好汉语教学资源，在汉语国际传播事业中更好地发挥新媒体优势。总体来说，手机媒体在汉语国际传播中发挥着重要的作用。其突出的优点包括移动性、私人性、自主性、交互性和便携性，使得智能手机成为当前新媒体传播时代必不可少的平台。

二、新媒体在汉语国际传播中的应用实例

（一）微信应用于汉语国际传播

2011 年腾讯公司推出微信这一社交软件后，借助着其使用效率高、传播信息便捷的优势，在中国的社交软件下载总量中排行第一。从以前的腾讯 QQ 到当今的微信，软件的功能在不断提高和完善。在微信这个软件中，人们可以把文字、图片直接转发，语音也可转换成文字转发。同时还有语音电话和视频电话的功能。现在，微信的支付和名片等功能在不断强大，已经融入了人们的日常生活中。另外，微信已经推向了国际化，占有了相当的国际市场比例，无论是社交还是学习途径，微信都在不断有新功能面世。

微信属于即时通信类的媒介，它具有很多功能，可以推动语言传播、学术交流和文化传播。微信内容可以通过图片、文字、视频、声音等形式传播，改变了传统的单一的传播模式，就汉语国际传播来说，丰富了汉语传播的模式和类型，激发了汉语受传者接收信息、获取资源的积极性。微信的语音功能，方便了人们的沟通和交流，可以避免有的人

由于汉语表达不流畅，在线下面对面交流过程的不适和紧张气氛，更能推动很多汉语受传者主动地去发表观点。微信结合图片、文字和视频等各种形式的融合，可以让汉语传播者和汉语受传者有更多的资源和感悟进行共同分享。微信还可以通过群连线提供多人的语音会议或交谈，方便快捷，很多汉语传播者或受传者会建立相关的语言传播群，大家会在群内进行丰富的资源共享，实现互动。如微信读书分享会一群，该群由中国社会科学院大学一名教师所创立，群成员已上限五百人，成员大多都是传播专业的相关教师和受传者，大家经常会在群内分享学术讲座、书籍、视频等相关信息，很多内容都是有关中国传统文化或时事政治等方面的，有时群内也会就某一话题展开激烈的讨论。与其他媒介相比，微信用户所用的跟进模块是这一软件最大的特点。因为大多数人可以熟练地掌握微信所具备的功能，因此，借助于微信所获取信息资源的人与微信软件之间的关联性与其他媒介相比来说更为紧密。另外，在微信软件上受传者可以同时开展多种的互动方式，因此这个软件的社交、即时通讯的优势让更多的人开始依赖这一社交软件。

微信所运营的服务方式有小程序、企业微信和公众号等，汉语受传者可以根据自身需求来搜索自己所需要的公众号。当前，信息化的社会服务在持续发展和完善，汉语传播者和汉语受传者都可以从新的媒介出发，将汉语的口语传播进行融入，构建新的汉语国际传播模式体系。由于社交模式的传播载体更方便人们的使用，与其他软件相比，当前在中国的高等学校，老师以及学生使用微信的频率都非常高，用户可以分类为公众号和个体用户。个体用户通常是借助微信进行沟通，开展一对一或一对多的模式来建立的非正式集体，也就是一个汉语传播者针对一个汉语受传者和汉语传播者与多个汉语受传者的沟通模式。汉语受传者可以从实际所需内容出发，与汉语传播者开展多种形式和话题的沟通和讨论。在此基础上潜移默化地提升了汉语受传者的汉语水平和对中国文化的了解。就内容的形式而言，汉语传播者可以从某一文化主题出发，让汉语受传者有对中国深一层次的认识，在聊天的过程中，汉语受传者的语法和文本书写甚至是口语发音都可以得到锻炼。

以微信公众号为基础的汉语国际传播，一般更偏于文字传递、图片或者视频。内容主要分为新闻类的信息、学习类的信息、普及常识类的信息等类型，如公众号"麻辣汉语"会发表有关汉语儿歌、汉语语法以及相关的汉语教学的资源；外研社国际汉语则更偏向于很多汉语教学的内容，如汉语等级考试的阅读材料，所发布的 HSK5 级阅读怎样睡觉才科学、新时代新形势下的中文阅读与中文教学等文章都有上千的阅读量。另外也有很多官网的公众号如"国家地理中文网"，所发布的文字内容阅读量达到上万，而这个公众号也同时发了很多视频引发了人们的关注，帮助人们普及了更多的知识，这对汉语受传者来说都是很好的学习途径。随着微信的国际化发展，很多国外地区都有当地的华人或组织建立了华语公众号，比如，公众号"微大马"是当地一家信息服务公司所注册，该公众号每天都会发布新鲜的热点资讯，有的内容是有关于中国的相关信息，也有很多有关马来西亚的美食、旅游、历史文化和留学信息，这类公众号的发展和运营对于中国的对外传播来说，搭建了全球范围的华语信息平台，显然，在海外国家的华语公众号是汉语国际传播的有力合作平台。在发布的《2019 海外华文新媒体影响力报告》① 中，对海外华文新媒体影响力较大的新媒体开展调研，其影响力较大的新媒体有微博和微信等。微博和微信作为华人华侨用得较多的社交软件，也是海外华文媒体推动中国文化传播走向国际化的重要工具，其中微博的使用率达到49.7%，而微信使用的比率达到了48.6%，近年来，使用率和影响力依旧在不断提高。其中，"缅甸中文网""微悉尼""新西兰天维网""新欧洲""奋斗在韩国"等海外华文媒体公众号的关注量已达几十万，这些公众号的发展是将中国文化推向全球的有力推手，也为海外的汉语国际传播提供了更多

---

① 人民日报海外网：《2019 海外华文新媒体影响力报告》，2019 年 7 月，https：//m. haiwainet. cn/middle/3544314/2019/0709/content_31589269_1. html，2023 年 10 月。

的渠道。

"缅甸中文网"和"缅甸之声"是缅甸的华文媒体中较早申请的有声节目公众号，这两个公众号是缅甸华人关注较多的媒体，他们发布的内容多种多样，包括当地的政治、经济、文化等实时新闻，并且配有相关的视频和图文。自 2017 年开始，"缅甸中文网"还特别推出了汉语普通话新闻模块，引起了广泛的关注。而"缅甸之声"也推出了双语主持的有声节目，如《点歌台》这个板块，大家可以留言自己喜欢的歌曲，评论区的观众进行互动，每期节目可以点 8 ~ 10 首歌，这个节目非常受欢迎，短时间内吸引了大量的用户，在点歌、播放歌曲的同时，宣传了中国的音乐，虽然这些华人公众号大部分针对的是缅甸的华人华侨，但是由于缅甸所在的地理位置特殊，而且华人华侨中包括汉族和十几个少数民族，因此在"一带一路"倡议下，合理借助新媒体，通过有声语言的传播为海外华人与母语国搭建文化关联，这对汉语受传者来说也是一个获取信息资源的好渠道①。对传播中华文化、将汉语国际化、加强国家之间的深层次交流提供了平台。

（二）抖音应用于汉语国际传播

笔者在研究新媒体在汉语国际传播的应用期间，针对抖音这一软件，研究了上百条有关汉语传播的短视频，每天抖音短视频都有大量的新内容发布。通过观察，例如，"歪果仁研究协会"和"汉语桥"等用户每几天都会发布新视频，截至 2022 年 9 月，"歪果仁研究协会"已高达 823.6 万粉丝，"汉语桥"也有 168.6 万的粉丝量，也有很多粉丝量几十万或几万的抖音账户都在定期上新有关汉语和中国传统文化相关的内容。根据抖音发布视频的内容可以归纳为文化对比类、汉语教学类、科普常识和访谈类、文化对比类。

---

① 褚彦：《缅甸华文新媒体有声语言传播的现状及对策分析——以"缅甸中文网"和"缅甸之声"微信公众号为例》，载《科技传播》2022 年第 14 期，第 133 ~ 34 页。

在视频中通过国家之间的文化对比，更容易开展有效的发展和融合。比如，"歪果研究协会"发布的有关"中国人眼里的歪果仁""当外国儿媳遇到东北婆婆""法国人眼里的中国奇葩美食""歪果仁 VS 中国"等比较火爆的视频，在留言板都有较为激烈的争论和上百万的关注量。另外，湖南卫视创建的用户名"非正式会谈"，粉丝已高达112.8万人，也常常上传有关各国文化的内容。《非正式会谈》是湖南卫视的一档全球文化相对论栏目，以访谈的形式呈现，节目每期由11个不同国家的青年代表、4个主席团及飞行嘉宾围绕着当下的社会热点主题和全球各国风俗文化进行探讨。所以，抖音"非正式会谈"用户经常会发布一些关于讨论各国文化和语言话题的短视频。比如，"名字长到机票都塞不下""德国亲戚第一次吃火锅""各国儿童节的讨论"等视频都在讨论着不同国家的不同习俗，使得国家与国家之间有进一步的了解和认识。也使人们更加直观地感受到文化差异，并激发他们的探讨和学习。

1. 汉语教学类

汉语教学类的视频账户内容分为汉字类、听力类、口语类和语法类四个方面。这类账户的发布者通常是专业的汉语教师和从事语言类行业的人。

关于语法类的账户，比如，用户"杨木兰@天美星"会定期上新有关语文学习的内容，她的粉丝已高达660多万人，并且在每周一至周五进行直播，她讲解的古诗词非常动人深刻，学习者很容易被气氛感染。用户"咿呀学语"会经常上新有关语文必备知识的讲解，比如，对于划分句子成分，句子主语、谓语、宾语的讲解。留言板区域老师会和学习者开展互动交流，帮助学习者更好地理解和掌握相关语法知识。

有关汉字类的教学通常是汉语传播者将录制好的视频发布在抖音平台上，提供给大家免费的学习素材。比如，账户"蔡蔡老师教写字"，该用户从小学习书法，目前是小学语文教师，有长达八年的书法教学经验，常常发布有关汉字的学习内容，在发布的视频中，如"好好学习歌"有高达 90 万人次的关注量，这首歌是一首充满青春气息的校园歌曲，歌词不仅符合当代的教学观，又容易理解，因此得到了广大网友的关注和好评。

在听力类的视频中，比较有代表性的账户有"汉语为桥，天下一家"的"汉语桥"。在汉语桥账户发布的视频中，"汉语十级听力帜江南皮革厂"播放量高达两百多万次，该视频不仅具有娱乐性，并且有很多粉丝进行了挑战互动。抖音账户名为"桑德测评"是一个在深圳居住了 20 年的荷兰小伙。发布了"中文十级听力考试"的视频，在视频中有问"豆腐怎么卖？""两块""两块一块""一块""一块两块""两块""到底是一块两块啊""两块一块"，问题是"豆腐到底多少钱一份儿？"这段视频锻炼了大家对汉字的熟悉度，还考验了汉语受传者是否能理解语境和语气，帮助汉语受传者提升汉语水平。

在口语类的视频中，"王子福"这一账户有近 30 万的粉丝，有 10 年语言表达能力的教学经验。王子福是菲律宾新闻主播，他经常会发布有关普通话训练、声音美化、朗诵配音等多种多样的素材。比如，视频"普通话考试范文 60 篇""每天跟读训练十分钟""林徽因名言""3500常用字纠音专用"等满足了汉语受传者的日常学习和锻炼，值得一提的是视频"少年中国说梁启超"帮助学习者进一步了解中国历史。同时也有一些绕口令帮助汉语受传者训练口语。

2. 科普常识

科普常识类的短视频一般是主讲人讲述有关中国的传统文化，并剪辑成短视频发布在抖音账号上，根据内容需要，有时会配上相关的剧情开展讲述。"沐水梧桐中国字"这一账户粉丝有 111.7 万，该用户会经常发布有关汉字解读的内容，有些内容会根据内在含义讲述相关的历史故事，借助对文字的解读使中国和海外的汉语受传者更加了解中国文字和文化，比如，会通过短视频的形式讲述被后人尊称为圣人的 40 个历史人物，"中国人'吃'文化博大精神"这一视频中会将一部分词汇进行解说归纳，有助于人们更容易记忆和分类，另外，"韩小喵老西"这一账户也有137.9万的粉丝，并有553万次的获赞量，这个账户更加偏向于发布有关中国传统文化或冷或热小知识，并在每周二和周四晚9点定期直播，科普性较强，并且内容和表达方式很有趣味。例如，就当今较为流行的孤勇者这首歌曲，传播者发布"孤勇者"，为啥不能叫"独勇者"，也有发布关于论语、汉字是谁创造出来的短视频，这些内容对于汉语受传者来说生动有趣且容易接受。

3. 访谈类

在抖音平台中有很多有关汉语传播的视频，有很多用户借助访谈的形式开展视频的拍摄和剪辑，例如，"歪果研究协会"，截至2022年10月，该用户已经发布了近600个访谈形式视频，视频"嫁到中国是一种什么样的体验""中国人为什么这样""歪果仁眼里的春节"都有几十万的关注量，这表明了很多外国人对于中国较为关注。这些视频中的采访人和被采访人都是外国人，但是他们的汉语口语表达能力都很流畅，汉语水平普遍较高，他们借助抖音这个平台进行中西方文化的碰撞和融合，从某种程度上来说有助于推进中国文化的宣传。

抖音平台有私信、发布视频、直播和评论等功能，人们可以选择浏览同城视频、关注他人的视频，也可以按话题搜索获取视频，在汉语国际传播中为人们带来了很大的便捷，节省了时间，并且可以通过直播或评论实现互动，这促进了人们用汉语开展探讨的频率，无论是中国人还是外国人，大家都可以作为传播者或受传者。比如，汉语传播者通过抖音发布了很多有关中国文化、语言的内容后，人们可以通过视频的学习，评论区开展互动交流，不用局限于时间和地点。而对于汉语传播者而言，可以录制很多身边的趣味事和经过专门编排的视频分享给大家。并且，人们可以根据抖音的热门话题进行搜索，在娱乐的情况下，提升了对汉语的了解和掌握，热门话题是讨论当下热点较高的事件，话题讨论量都比较多，这也可以激发对汉语的学习和掌握。

从抖音客观的运用情况来说，抖音短视频是可以被不断重复播放的，只要受传者不划动屏幕，视频就在不停地循环播放。通过视频的重复部分，受传者可以增加一定的记忆力，从而提高汉语水平。值得一提的是，抖音会通过大数据给用户推送相关类型、话题的视频，可以对视频随时暂停和播放，十分简便和快捷。受传者也可以随时地下载或收藏短视频。

（三）微博应用于汉语国际传播

当前，随着科技的不断发展，智能化也在持续创新，智能化推动了线上汉语国际传播的发展。微博又称博客，这个平台人们可以用手机客户端和网页版的形式来发布信息，每次发布的内容不超过一百四十个字。自 2009 年底新浪微博上市以后，陆续有腾讯微博、搜狐微博开始广泛使用。

微博具有实时更新的功能。与其他网站和论坛的区别是，在微博上所公开的信息会有专门的人员进行核验。微博用户可以选择定位和时间，并可以上传图片和视频。如果受传者在使用时，存在疑问，可以及时地进行搜索。而@用户可以提示用户及时查看和处理问题。另外，微博 App 可以随时随地获取想获得的信息，并且微博具有互动功能，将各种线上的资源进行归类和整合，传播者和受传者可以实现进一步互动和沟通。微博具有"＃＋话题"的模式，类似于抖音的热门话题，可以通过话题分类找到丰富的内容。用户可以用评论的形式，和传播者开展沟通。评论的模式可以让双方从被动的情况下转变为主动状态，从而进行资源互动。

微博的手机端功能也加快了更多人注册微博的进度，与其他社交平台相比，用户可以随时通过微博 App 浏览信息和发表内容，不受时空限制，沟通方便。值得一提的是在微博的发现页面里，有娱乐、视频、体育、本地、旅游和生活等多种选择，即使是外国人到中国旅行也可以通过本地的界面获取这个城市相关的更多信息。用户在撰写文本时可以进行定位，也可以与其他用户发私信沟通，这方便大家分享和获取更多的资源。微博作为社交媒介，任何人都可以注册账户，不需要掌握相关网络技术，就可以实时高效地发布信息。从当前来看，注册微博的企业也不需要付费，提供相关信息注册后即可使用微博，如"汉语人文化之家""易中文对外汉语之家"等用户都是中国的文化传播公司所注册，这些用户会不定时发送相关汉语教师资格证和有关汉语入门的书籍，也会有一些免费的公开课程和讲座分享给各受传者。对于在微博注册企业账号的文化传播公司来说，不需要付出广告费用，宣传面较广；而汉语受传者也可以从中获取到很多自己需要的信息。另外，微博就形式来分析，在页面中可以设置我的朋友、特别关注、朋友分组等分类，用户可以根据自己的需求来设置公开或者隐私，也可以根据分组查看他们所发布的信息。

微博的发展和不断创新为汉语国际传播活动提供了更好的交互媒介和手段，其主要表现在微博用户可以开展交流互动，信息传播较快，实效性较强，用户可以拥有自己的个人区域板块，并且媒体容纳度较强。在发布微博时，其信息可以是文章、公告或长微博等多样化。微博具有较强的互动性：用户可以评论微博、转发或收藏等，信息传递更加便捷，形式更加丰富。另外，用户可以根据所需的内容来设置"话题"，进一步发表信息，提升了信息检索和内容拓展的同时，微博还设置了以"话题"和"长文章"形式的检索分类，提高了用户检索信息的准确度和时效性。

在使用微博的时候，即使是中文不熟练的用户也可以掌握好软件的使用技巧，微博发布信息通常不超过一百四十字，因此也方便了汉语初学者用户的阅读和使用。人们在浏览到自己感兴趣的微博内容时，可以根据自己的喜好和需求进行转发，不受时空限制将信息不断传递，并展现在自己的个人主页上。因此，无论是对汉语受传者来说还是来华旅游的人来说，都可以通过微博挖掘出自己所需要的资源。

第三节　新媒体在汉语国际传播中的应用特点及作用

一、新媒体在汉语国际传播中的应用特点

（一）多样性与多元性

互联网更加适应受众需求的多样化和受众市场的细分化。互联网的交互性特征引起了用户分化。它将目标受众按年龄、性别、种族、社会地位、文化程度、兴趣爱好、专业程度等标准划分为不同群体，从而有针对性地为这些不同的群体提供信息服务。所以说，这是具有小众化倾向的传播。由于媒体生存与发展必然与受众群体数量密切相关，所以每个受众群体仍然保有一定数量。

（二）跨时空性

新媒体在传播的即时性和共享性上具有明显的优势，能够彻底打破时空界限，真正实现了麦克卢汉的"地球村"。以光纤通信线路为载体，以网络为代表的新媒体，可以瞬间到达地球上的任何地方，因此以新媒体为载体的信息其传播速度及更新速度也是以秒计算的。以数字技术和网络技术为基础的新媒体改变了传统媒体信息传播严格受控的限制：传播时间上的开放性实现了信息的即时传播；而传播空间上的开放性则促使了传播地域上的全球覆盖以及信息的海量储存，是实现信息共享的坚实基础。

（三）交互性

网络新媒体的传播方式可分为以下四种形式：多人对个人、个人对

个人、个人对多人和多人对多人异步传播。网络新媒体的传播方式最突出的变化即为"受众"不仅仅是指大众，也可能是个人，"受众"不仅是信息的接收者，也可能是信息的发布者。

（四）碎片性

与传统媒体延续几十年甚至上百年的线性传播不同，新媒体的传播是非线性的，它强调受众的自主选择与反馈。新媒体将信息以数据库的形式引入，其流程是并置的、非线性的，同时借助先进的网络技术和检索技术，在特定的信源与信宿系统产生信息的聚合作用，实现比传统媒体更为定向及实时的传播，从而满足用户对媒体"开放性"的需求。

（五）定制性

新媒体实现了信息传播与收阅的个人化。以网络环境为基础，基于信息用户的信息使用习惯、偏好和特点向用户提供满足其各种个性化需求的服务。这种新媒体提供的个性化信息服务，使得信息传播者可针对不同的受众提供个性化服务。此外，受众也对信息具有同样的操控权，受众可以运用新媒体选择信息、搜索信息甚至定制信息。所以，新媒体的时代是一个"受众个性化"的时代，传统媒体中具有"被动接受信息"的受众转变为主动寻找和制作信息的用户，这是一个基于用户个人建立起来的双向交流的系统。

根据文化吸引、规模经济等理论，首先，通过全新的媒体手段，能够让汉语国际教育课程摆脱单调乏味的教学内容，引入趣味性较强的社交场景。在进行表达时，视觉和听觉便是习惯性运用的感官手段。那么，汉语受传者渐渐地能够在相关的社交媒介中开展沟通，例如，微博、微信等工具，并借助公众号来进行资源、心得的交流共享，借助广播等媒介来进行实时的感悟传播。上述社交媒介可以随时随地地使用，中国的用户数量基础较大。其次，此类媒介能够进行语音、图片和文本等形式的信息流通，汉语受传者可以从语音上来提升口语的水平，可以从字词上来优化阐述的速率与精准程度。中国的社交平台大多是基于中国社会实际情况来研发推广的，可以体现中国的文化生活和知识，这也是进行文化互动的载体。在此类软件中，受传者能够较好地掌握社会交际文化和内容，打破文化的壁垒。在运用相关的软件一段时间之后，可以帮助受传者提升表达水平，同时可以进一步优化中文逻辑的构建能力与表述水平。

二、新媒体在汉语国际传播中的作用

（一）新媒体整合汉语国际传播资源

近年来，新媒体对汉语国际传播的影响在不断扩大，越来越多的新媒体平台也为汉语传播者工作的开展奠定了基础，新媒体时代让汉语传播者有了更多的途径和方式来传播汉语，其开放性和共享性的特点打破了国与国之间的界限，使得信息可以在全球开展传播，这为汉语国际传播的传播范围、信息技术以及优质资源都开辟了新通道，无论是汉语传播者的信息传播，还是境外汉语受传者的资源获取，人们都可以随时利用手机或电脑进行信息的传递。以新媒体为平台的汉语国际传播主要可以分为课程类、视听资源类、互动交流类、工具类和综合类。其中课程类以汉语课程为主，例如，常用的慕课、智慧树平台、多媒体课程、网络直播课程或录像课程等。而视听资源类是指网易云音乐、QQ 音乐、爱奇艺等新媒体平台上面的汉语音乐、汉语电影等媒体资源。工具类指的是有协助汉语学习的各类新媒体软件，如百度翻译、腾讯翻译君和各类门户索引等。而互动交流类以帮助汉语受传者进行信息资源交流的新媒体平台，如 QQ、微信、微博等。综合类指的是通过新媒体进行网络传播的汉语文化、宣传汉语的官方平台。不同种类的汉语国际传播资源在新媒体软件上不断传播，为汉语受传者挖掘资源和使用资源带来了很大的便利。

新媒体技术除了信息技术以外，也包含着数据处理等各种技术方面的问题，新媒体的每一个环节和技术都有各自的枝叶，新媒体技术的快速发展，对汉语国际传播事业的发展起着重要的推进作用。新媒体技术在汉语国际传播过程中，不仅为汉语传播者拓宽了传播方式，也为汉语受传者提供了更多的学习途径和内容。汉语国际传播对增强中国软实力有着重要的作用，新媒体技术的不断加入，将汉语国际传播资源充分地进行整合。一方面，汉语传播者通过新媒体将汉语国际传播内容更加形象化、日常化，渗透到汉语受传者的日常生活中去，对汉语受传者的语言水平形成潜移默化的影响；另一方面，合理利用新媒体技术存储功能，可以将汉语学习资源长期保留下来，汉语受传者可以随时随地浏览新媒体上的内容，提高汉语受传者学习汉语的主动性和积极性，保证汉语国际传播资源的高效利用。另外，各种各样的新媒体平台呈现在互联网，传播者与可以在一定的环境下进行身份互换。合理利用新媒体开展汉语国际传播，可以使更多的网民成为汉语国际传播的传播者，可以将汉语国际传播的内容更加多元化，使汉语国际传播的吸引力更强，促进汉语国际传播工作实现更大的突破。当前，新媒体融合性的特点在不断推进"汉语国际传播＋网红""汉语国际传播＋网红＋短视频＋直播"等各种形式。

　　汉语国际传播资源的整合，迎合大多数汉语受传者的学习心态。在这个快速发展的网络时代，新媒体的使用已经成了人们的一种生活方式，通过新媒体，人们不仅可以浏览新闻和视频，也可以开展交友、学习、购物和投资等，其功能十分全面。当前，大多数人对新媒体的应用有很大的热情和依赖，并且接触率较高，汉语国际传播资源通过新媒体进行有效整合，可以在很大程度上迎合汉语受传者的学习心态，提升学习热情。

（二）新媒体拓宽汉语国际传播渠道

　　以往汉语国际传播依靠孔子学院、线下交流和传统媒体进行宣传，在"一带一路"倡议下，汉语国际传播应该创新传播方式。尽可能地消除文化壁垒。2009 年《一个中国人的一生》一书在法国走红，被翻译成 12 种语言流通在全球 70 多个国家。这部漫画书分三个篇章以独特的视角描述了一个普通中国人的坎坷一生，向全世界传递了一个真实的中国。这本漫画书受到了国内外读者的一致好评，同时也成了一个跨文化传播的典型案例，随着与新媒体的结合应用，这本漫画书当前可以通过手机 App 电子书的形式进行阅读，这给全球各国的读者带来了极大的便利。学者们很重视新媒体在汉语国际传播中的应用，主要剖析的传播途径有慕课、微信和影视剧等，值得一提的是慕课时代对汉语国际传播和教学产生的影响不容忽视①，以前有很多海外的汉语受传者是借助孔子学院、本地的汉语培训机构进行学习，很多对汉语感兴趣但没有足够时间和条件进行的汉语受传者，因为很多客观原因放弃对汉语的学习，当前，中国众多知名的大学以及培训机构都在开发各种形式的汉语网课，由很多经验丰富的汉语传播教师将录制、编排好的内容上传到慕课，汉语受传者可以随时注册开展学习，不出国门即可获取到优质的汉语学习资源，做到了让汉语传播在每个人身边。之后，应该继续把慕课当作汉语国际传播传统教学的补充形式，重视汉语学习相关内容的传播，开发出满足外国学习者多元化学习需求的汉语慕课课程，讲好中国故事，传播中国好声音，促进汉语国际传播更好地走向世界。慕课当前作为全球范围内内容最丰富的在线公开课，汉语受传者可以通过这一平台获取世界很多名校名师的课程资源，且可以循环播放学习，使优质资源不受任何时空限制。

截至 2020 年年底，海外汉语受传者的群体已经达到 2 亿人以上，而汉语传播的专业老师大约在 500 万人②，这不包括很多人自发地借助自媒体平台传播汉语和中国文化，单纯的依靠传统的课堂、报纸等渠道

---

① 刘娟：《慕课（MOCC）背景下的国际汉语教学和推广》，载《学术论坛》2015 年第 3 期，第 177 ~ 180 页。

② 高敬和赵琬微：《中国以外累计学习中文人数达 2 亿"中文联盟"等国际中文在线教育平台发布》，载《新华网》2020 年。

显然满足不了汉语受传者获取信息的基本诉求。经调查，当前专业的汉语传播老师数量较少，而汉语受传者在不断增加，随着新媒体的不断发展和推进，很多草根网民在利用新媒体以各种内容和形式传播汉语，这有助于汉语国际传播事业的创新。继续推动各类传播主体，政府重视、各机构和组织的海外传播优势，达成多维的新媒体传播平台。

不可否认，新媒体作为传统汉语教学模式下的补充是未来发展趋势，与当前新媒体时代对比，传统的学习模式仅通过线下学习，趣味性不够，比如，当在学习中国传统文化相关内容的时候，仅靠语言描述是很难理解的，而借助新媒体视频、图片或电影的方式，将难以理解的内容以更直观的形式来展现，不仅节约了汉语受传者的学习时间，并且印象深刻且有趣味性。在汉语国际传播的同时，将语言知识传播与文化传播是同等重要的。当前大多数社交软件和学习网站不仅可以在网站上使用，也可以通过手机 App 进行使用，借助网络和移动设备的普及，汉语传播活动的开展可以打破以往的时间和地域问题，也突破了时差所带来的限制，高质量的媒介大大缩短了人们学习汉语的成本，帮助汉语受传者进行碎片化学习，提升对中国语言和文化的进一步认识和了解。总而言之，汉语国际传播事业的发展需要与时俱进，紧跟新媒体时代的步伐，借用新兴产物，充分利用新媒体平台开展实时的交流和互动。实现以互联网为基础的多角度、多渠道的汉语传播，提升中国在全球的影响力。

（三）新媒体丰富汉语国际传播形式

新媒体技术为汉语国际传播提供了大量的鲜活素材。传统的汉语传播以面对面授课或书本传授为主，其中有很多发音、历史文化和阅读背景很难通透理解或学习，对时间和学习地点都有较多限制，而新媒体强大的功能和信息资源为汉语受传者提供了诸多的便利，汉语传播者可以将历史背景、中国文化和生活方式等穿插在视频素材中，使学习资源更加丰富，帮助汉语受传者理解和记忆。

中国在开展汉语国际传播取得一定成绩的同时，也面临着很多问题。而新媒体大数据的发展，将信息传播的渠道与整合提高到了新的阶段。目前，大多数人在通过信息检索功能浏览自己想获取的信息，不需要花费过多的时间和精力，就可以得到所需的内容。如 Open2study 是华南理工大学在澳大利亚免费的慕课平台上开设的第一门中文课程《中国语言与文化》，截至 2016 年 3 月 1 日，共有 14202 名学生参与，视频播放次数达到 45111 次①。这门课程内容主要讲述丰富的中国传统文化。有相关汉字来源和书法的资料，也有中国食物、传统节日、茶文化和十二生肖的相关讲解，同时还有中国的风水学和国学价值观等课程。当前，有很多关于汉语学习的课程推出在慕课上，有适合入门级的初学者的课程，如简单的口语表达和基础汉字，也有适合已有汉语基础的课程来进一步加强。虽然有很多人学习汉语都在选择"封闭式教学"的形式，有目的性的来学习汉语，进行侵入式学习。但是新媒体的使用，对汉语受传者来说，是潜移默化中获取知识和传统文化，从被动获取内容变为主动选择内容，如中国的戏曲、武术、书法等。

另外汉语受传者可以在微博、微信、抖音等社交软件中查阅信息，并开展互动，高效地获取专业的信息资源。在上面所说的微信公众号平台也是整合和获取信息的媒介平台，在整合之后开展高效的传播和分享。在社交软件的使用过程中，大家日常使用的礼仪用语、日常用语，以及在日常工作中使用率较高的专业用语和商业词汇，以及很多流行的网络用语和方言、俗语等，均可以纳入汉语受传者的学习材料库，并且通过平日刷抖音、刷微博就可以了解到这些信息，也可以借助话题搜索进到自己所需模块。"酷学习"这个网站是上海一家公司创办的慕课网站，当前这个网站也已经推出了移动设备的应用软件，酷学习覆盖了从小学到大学等各个学科的课程教学视频，网站页面上写着这么一句话：

① Open2study 慕课平台：http：//www.open2study.com/course/Cninese-language-culture，2023 年 8 月 21 日。

"你有一个苹果分给别人一半，你还有一半。你有一门知识，教会别人，你和别人都拥有一门知识"①。有关针对汉语推广的慕课，近年来使用人数不断增加，很多单位建立了相关的慕课教学平台。孔子学院的汉语老师会将相关的汉语课程上传在网站上，并附有练习和学习材料。孔子学院还与众多公司做了相关学习内容的定制，如《用相声演绎中国文化》《卢旺达风土人情》等文化科普类视频，引起了广大汉语受传者的积极关注。由于很多地区较为偏僻，国家经济不发达，慕课平台的发展解决了当地的汉语传播者资源不足、质量无法把关等问题，而慕课的资源整合丰富了汉语国际传播的形式。

（四）新媒体创造汉语国际传播交互场景

李宝贵提出"全面、立体、真实"的中国以什么样的形式走向全球，怎样能真正地走入各国民众的心里，是汉语国际传播主要解决的问题之一②，通过新媒体平台，汉语传播者可以创建社交情景来与汉语受传者开展互动交流，比如说很多人选择直播的方式或者短视频的形式在社交软件上互动，营造了真实的生活场景。尤其是在新冠肺炎疫情期间，很多汉语受传者很难有机会到中国亲身感受中国的语言环境、生活环境和文化环境，仅仅通过课堂或书本的传播内容非常有限，并且很多词汇可能已经不被当代人所用，给汉语受传者的学习带来了一定的难度和困扰。而通过直播或短视频可以将他们带入一个真实的环境中，可以与汉语传播者进行互动，提高汉语受传者的口语水平和认知水平。微信中朋友圈模块，可以浏览大家以图片、文字或视频的方式分享生活的点滴，以此进一步了解中国。另外，通过社交媒体进行沟通，很多汉语受传者感觉到更轻松，且毫无压迫感，这更有利于很多汉语初学者主动地

---

① 参考酷学习网站：http：//kuxuexi. com/，2023 年 8 月 21 日。

② 李宝贵：《2017 ～ 2018 年汉语国际传播的研究热点主题及其演进》，载《中华文化海外传播研究》2019 年第 1 期，第 189 ～ 209 页。

开口表达进行口语练习，有效地调动了汉语受传者的积极性。

认识法理论当前在第二语言的学习中尤其盛行，很多学者都在强调知识的内化，语言的学习不仅仅是靠简单的课堂学习以后进行记忆、加工和理解，而同时应该注重反复思考、实践和总结等过程，有创新性地将学习内容内化为个人技能与社会经历。而借用新媒体和移动手机端等方式进行学习有助于学习内容的转化和理解，这契合当前快节奏生活方式，也正满足了当前互联网讯息快速传播和知识大爆炸的学习诉求。尤其是针对新的一代年轻人，QQ、脸书、微信等软件年轻人都可以轻松驾驭，几乎所有汉语受传者和留学生都会使用这些社交平台，这些社交软件不仅帮助他们日常维系感情和交流，并且也成为他们的了解外面世界的窗口，让汉语国际传播摆脱传统的单一传播方式的缺点，利用碎片化时间和消遣娱乐时间引入趣味性强且更地道的中国场景。

第二章

新媒体在汉语国际传播中的应用现状调查

第一节 汉语受传者使用中文新媒体的问卷调查

一、问卷设计与数据收集

本章以在中国大学留学的国际学生为对象,考察汉语国际传播受传者使用新媒体的相关情况。其中,在华留学生样本主要指向在中国境内学校读书学习的国际学生,由于这部分群体在中国学校学习与生活,能够大量地接收汉语文化的熏陶与影响,并且他们具有汉语主动学习的动机与行为,另外考虑到该部分样本的可触达性,因此本章将其作为研究样本之一。

(一)问卷基本结构

本章设计了半开放式调查问卷,问卷内容由六个部分组成,分别是被调查者基本信息、学习汉语方式分析、中文新媒体使用情况、中文新媒体用于汉语学习的情况、中文新媒体的评价和针对汉语国际传播的新媒体账号内容更新改进建议。问卷主体部分的题型使用的是李克特量表，由 1~5 分别代表"完全不符""不符合""一般""符合"和"非常符合"；及"非常不赞同""有些不赞同""一般""有些赞同""非常赞同"。一个李克特选项是一个陈述。受测者被要求指出他或她们对该题目所陈述的认同程度，或任何形式的主观或客观评价。李克特式保额量表可以更精确地反馈出被调查者对该问题的态度，从而收集到更加准确的数据。同时，问卷包含开放型的问答题，无选项勾选。

其中，问卷的第一部分受访者基本信息的采集主要用于后续的描述性统计，拟设置性别、年龄、国籍、母语、汉语水平五项测项。在多数研究中，有关受访者基本信息的收集主要用于辅助研究结论的提出。

问卷第二部分收集留学生的学习汉语方式。通过这部分的数据统计，可以整理出在华留学生选择学习汉语方式的优先级顺序、学习场景等关键问题，有利于在研究中洞察传播场景、传播方式等问题。

问卷第三部分探究了汉语受传者使用中文新媒体的传播动机。从内外因两个方面来收集"汉语受传者"群体使用中文新媒体来学习汉语的动机。一方面，从学习者自身对中文新媒体的认知偏好；另一方面，从外部驱动因素，即社交、教育、商务、休闲等方面探索学习者使用新媒体平台学习的动机。

在了解调研对象使用中文新媒体的传播动机后，问卷第四部分进一步对受传者使用中文新媒体用于汉语学习的情况开展了调研，了解汉语受传者使用中文新媒体的行为特征。

问卷第五部分是中文新媒体汉语传播功能的评价，用于收集调研对象对中文新媒体汉语国际传播效果的评价。另外，由于新媒体汉语国际传播效果这一变量相对其他变量较为主观，在问卷测项设置时进行了一定调整，将新媒体传播效果分为汉语传播作用和新媒体相较传统媒体的优势两部分，其中汉语传播作用通过学习者的口语、阅读、书写、听力以及"帮助学习者实现语言本土化"五部分反映，优势则结合了新媒体传播行为设置测项，如资源丰富、传播范围广泛、可循环反复观看等特点。

问卷第六部分是中文新媒体汉语传播改进建议。通过设置开放式问答题，了解汉语受传者"对新媒体传播汉语的建议"。开放式问题用于和后期访谈相结合，主要在研究结论以及建议对策中加以体现。设计此题的目的是从汉语受传者的角度来看待具有汉语国际传播功能的新媒体账号应该传输什么样的内容更容易吸引汉语受传者，进而便于本章提供对应的改进意见。

（二）问卷题目设置

传播动机驱动着传播行为的发生，传播行为通过传播活动的实施和传播效果的产生来实现传播动机的满足。同时，传播效果也会反过来影响个体的传播动机和未来的传播行为选择。由此，在问卷设置方面，首先对汉语受传者使用新媒体接收汉语的动机开展调研；其次了解其通过新媒体接收汉语的相关行为；最后通过调研其对使用新媒体接收汉语信息的满意程度，以了解传播效果。

研究初期在广泛阅读汉语国际传播模式相关文献的基础上，本书寻找合理机制确定研究模型框架。PEW 在通过对美国 TikTok 用户的调查发现，新媒体类社交平台相比传统媒体平台和传统教育方式，因为其趣味性和直观性更有利于语言的传播，同时关注日常分享类博主的用户比关注语言学习类博主在语言学习成果上更显著①。因此在对汉语国际传播行为的题目设置时，将其维度划分为传播平台、传播场景、传播内容、传播方式和传播频率。语言传播的出发点是一个文明的文化对国际其他文明的吸引力，进而催生出在政治、经济、体育等领域的进一步强势传播，因此在对传播动机题目的设置时，其维度被划分为商业驱动、教育驱动、文化驱动、社交驱动和休闲驱动。

（三）问卷调查实施路径

为了令研究更具有说服力，且排除问卷中的干扰项，研究拟进行预

---

① PEW Research Centre, "Teen, social media, and technology", 2022, P. 18.

调研加以修正。由于预调研为小范围发放，因此问卷发放方式为线下发放，主要的调研对象为周围的同学和老师。小范围调查对象既有助于实现全部问卷回收，获取高质量预调研问卷；也有助于一对一观察预调研对象在调研过程中的真实反映，在第一时间为记录问卷中的不合理内容以便改正。

预调研问卷共计发放 17 份，回收 17 份，经逐一筛查后未存在无效问卷，有效问卷回收率为 100%。预调研结束后预留十个工作日用以做信效度检验以及完善问卷，其中信度检验主要通过 Cronbach's α 值和修正后总相关系数即 CITC 系数。根据结果表明，各变量的 KMO 值均大于 0.7，传播动机、新媒体汉语国际传播行为以及新媒体汉语的国际传播效果大于 0.8，且 Bartlett 球形检验显著性水平小于 0.05，说明研究中的变量均适合进行因子分析，问卷整体具有良好的效度。

确保问卷通过信效度检验且完整无误后，进行大规模问卷发放，问卷发放持续十四个自然日为期两周，并在期间逐渐回收已发放问卷。

（四）问卷发放与回收

根据前面结论，对问卷重新修改语言表述后，开始正式调研。为扩大受访者群体范围，正式问卷发放方式在中国进行线上发放，主要通过学校微信群；问卷回收工作于发放开始后的两周进行，其间陆续收到汉语受传者问卷共 377 份，剔除问卷选项重复度较高、作答时间过短的问卷后，统计收回有效汉语受传者问卷 326 份，占比 86.4%，问卷的有效比例较高可以满足研究数据分析要求。问卷回收阶段结束后，数据处理阶段在一个月时间内完成。

（五）问卷调查对象

1. 基本信息

调研者个人信息的数据统计整理后，从个人人口统计学要素来看，被调查对象在性别、年龄和学历上、国籍及 HSK 成绩有以下特征分布，如表格 2 - 1 所示。

表 2 - 1   问卷调查对象基本信息数据统计

项目	类别	频数（个）	频率（%）
性别	男	141	43.1
	女	185	56.9
年龄	18 岁以下	9	2.7
	19～25 岁	217	66.5
	26～35 岁	94	28.7
	36 岁以上	6	2.1
学历	本科以下	31	9.6
	本科	191	58.5
	硕士及以上	104	31.9
国籍	亚洲地区	151	46.3
	欧美地区	140	42.9
	其他地区	35	10.8
母语	英语	145	44.5
	其他	181	55.5
汉语水平	HSK1 级	0	0
	HSK2 级	0	0
	HSK3 级	95	29.1
	HSK4 级	113	34.7
	HSK5 级	78	23.9
	HSK6 级	40	12.3

资料来源：笔者统计于 2023 年 8 月 21 日。

从调研对象的性别分布来看，女性受访者高出男性受访者近 14 个百分点，从年龄分布来看，19～25 岁的受访者占比最多达到了 66.5%，26～35 岁的受访者次之，达到28.7%，青年受访者所占比例超过90%。

从调研对象的年龄分布来看，19 ~ 25 岁占比最多，约占 66% 的比重；26 ~ 35 岁占比约 29%；36 岁以上以及 18 岁以下占比较低。

从调研对象的学历来看，本科学历受访者所占比例最多达到 58.5%，硕士及以上受访者共计达到 31.9%。

从调查对象的国籍来看，参与本次调研的对象共 326 人，学生涵盖来自日本、韩国、越南、泰国、葡萄牙、印度尼西亚、巴基斯坦、意大利等 38 个国家，其中母语为英语的在华留学生占 44.5%。

HSK 是国际汉语水平考试的简称，测试者为母语非汉语者（包括外国人、华侨、华裔以及中国少数民族考试），主要测试考生的生活、学习和工作中使用汉语交际的水平，达到 HSK 四级的考生可以较为流畅地使用汉语开展讨论较为广泛的话题交流，达到 HSK 六级的考生能流畅地用汉语表达自己的见解，且轻松地理解和书写汉语。在被调查的在华留学生中，有 34.7% 的留学生达到 HSK4 级，有 23.9% 的留学生达到 HSK5 级，有 12.3% 的留学生达到 HSK6 级。

根据以上描述性结果得知，研究基本符合问卷发放预期，集中在青年学生群体中，其中 19 ~ 25 岁受访者所占比例最高为 66%。这类群体既是汉语的主要学习者，也在互联网蓬勃发展环境中成长，对于新事物接受能力较强，是日常新媒体使用的主力军，这部分受访者的数据与研究的主题契合度较高，可以作为准确的一手来源数据。

2. 汉语学习方式

通过分析调查发现，在华留学生除在课堂中学习汉语之外，通常也会通过其余课外方式进行汉语学习。从表 2 - 2 可以发现，首先在华留学生最喜欢的课外学习汉语方式为观看中国电视、电影；其次为通过中文新媒体自学汉语；最后为请辅导教师以及和中国朋友聊天来学习汉语。各有超过一半的受访者在观看电影和使用新媒体方式里认为自己非常符合，这表明在华留学生在课外学习汉语热情较为高涨，且喜欢一种非正式、更随性娱乐的方式来学习。

表 2－2　　　　　　　　　　汉语学习方式

项目	完全 不符合（%）	不符合 （%）	一般 （%）	符合 （%）	非常符合 （%）	均值
我喜欢请辅导教师 学习汉语	5.3	8.4	10.7	25.8	49.8	4.06
我喜欢看中国电视、 电影学习汉语	2.2	3.7	5.0	35.1	54.0	4.35
我喜欢和中国朋友 聊天学习汉语	8.1	8.9	12.6	27.4	43.0	3.88
我喜欢用中文新媒 体自学汉语	4.7	5.2	15.8	20.8	53.5	4.13

资料来源：笔者统计于 2023 年 8 月 21 日。

在处理受访者基本信息数据时，笔者还发现一些有趣的结论：在学生群体中，来自亚洲地区国家的学生数量要显著多于欧美地区，在谈到他们来中国学习工作的原因时，学生群体提到最多的原因是"中华文化的吸引力""对中国的向往"。这表明，对于可能具有同源或相近文化的群体（亚洲学生），相似的社会文化环境，同样的肤色更容易获得他们的青睐，因此文化驱动维度起到更主要的影响作用。还有一层影响因素是由于中国在亚洲的影响力和地位显著提升，中国多次主办亚太经济会议、博鳌亚洲论坛等在亚太地区颇具影响力的国际性会议，以及各类文化、体育盛会。相当一部分亚洲受访者群体会受中国在亚洲地区话语权的影响，进而产生对中国的向往。而欧美地区的受访者往往不存在类似心理，欧美国家在文化习俗和价值观等方面与亚洲国家有所差异，因此出现在亚洲受访群体表达的对中国的向往，通常来说并不是欧美受访者群体的主要驱动因素。

二、调查结果分析

本章以数据可视化作为展示详细结果的途径，通过可视化图表可以直观地呈现数据的特征和趋势，帮助人们更好地理解和分析数据。柱状图用于展示分类数据的频数或频率，可以比较不同分类之间的差异。另外，为了更清晰地表达调研结果，部分题目采用均值的方式呈现数据。调查结果依据本书研究思路"使用动机"—"使用行为"—"使用效果"开展数据整理及分析。

（一）中文新媒体使用动机

在调查问卷中，"中文新媒体用于汉语学习的情况"版块下设置了两个量表问题。其中之一是"中文新媒体环境下学习汉语的情感态度"，另一个问题则是"使用中文新媒体学习汉语的动机"。使用该部分的调研旨在从汉语国际传播受传人的角度探究中文新媒体的使用动机。

1. 使用中文新媒体学习汉语的目的

在图2-1使用中文新媒体的目的统计分析中，其中有83.2%的受访者提到了使用新媒体的目的是提高汉语水平，意味着受访者在使用中文新媒体时首要考虑的第一目的多数为学习汉语，提高汉语能力，具有教育驱动的特征；使用新媒体的目的是为了解中国文化的为第二高，占比为80.2%，表明文化吸引力在这部分样本中承担着主要的学习汉语动机，具有文化驱动的特征；接下来顺序依次为在中国生活、娱乐生活、交到更多朋友、了解相关资讯和学习工作需要，其中学习工作需要只有58.1%的受访者认为是主要的目的，表明从汉语受传者层面来看，课外进一步系统性学习汉语带来的动力比较有限，并且更多的目的是偏向于生活方面的各项便利，具有社交驱动、商业驱动和休闲驱动的特征。

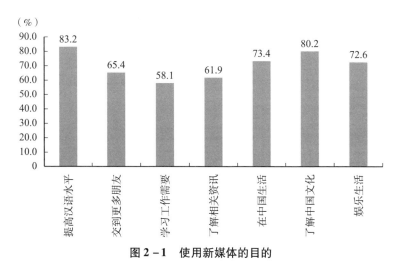

图 2 – 1　使用新媒体的目的

资料来源：笔者统计于 2023 年 8 月 21 日。

2. 使用中文新媒体学习汉语的情感态度

"新媒体环境下学习汉语的情感态度"一题可以反映出汉语受传者选择使用中文新媒体来学习的内在动力及其认知偏好。在该题的统计中（见表 2 – 3），得分最高的选项为我喜欢通过中文新媒体进行汉语学习，这表明多数受访者是乐意通过新媒体方式去学习中文的，总体持一种积极的态度，因此后续对在华留学生的教育方式上可以酌情采取新媒体与传统教育有机结合的配套方式。其次中文新媒体环境中时间地点的灵活性、学习更加灵活和分享积极性得分均超过了 4 分，这表明受访者基本认可新媒体环境下的汉语学习方式，对其自由观看、灵活选择的特点抱有热烈的情绪，同时乐于将自己在新媒体平台上的所见所闻分享给同学、老师、家人和朋友等，起到了汉语间接传播的作用。

表 2 – 3　　　　　　　中文新媒体环境下学习汉语的情感态度

项目	均值
我喜欢通过中文新媒体进行汉语学习	4.57
中文新媒体环境下有利于安排时间和地点	4.03
中文新媒体环境下汉语资源比课堂丰富	3.63
中文新媒体环境下多种平台（如抖音、哔哩哔哩等）有利于汉语的自主学习	3.84
中文新媒体环境下的汉语学习更加灵活	4.08
中文新媒体环境下汉语自主学习值得推广	3.51
我愿意与汉语传播者、同学分享相关的学习资料	4.11
我能主动参与中文新媒体上所发布的感兴趣话题	3.48

资料来源：笔者统计于 2023 年 8 月 21 日。

3. 使用中文新媒体学习汉语的动机

表 2 – 4 为运用中文新媒体学习汉语的动机的统计分析。在动机统计中，所有测项的得分均值都超过了 4 分，且均处于较高的水平，这表明主动使用中文新媒体开展汉语学习的受访者，其自身本就对中文充满浓烈的兴趣，均有各类动机驱动，其主动通过新媒体寻找自己感兴趣的内容，只是在动机的侧重角度上有所不同。动机上得分最高的方面为提高汉语水平和深入研究中国传统文化，其次为社交需求以及留在中国更好地发展，可以看出相对于社会性（社交需求）的动机而言，内源性（自身能力提升）的动机占据更重要的地位，可以驱动汉语受传者自发性去搜寻、探索感兴趣的新媒体内容。

表 2 – 4　　　　　　　使用中文新媒体学习汉语的动机

项目	均值
为了社交需求运用中文新媒体学习汉语	4.20
为了提高汉语水平运用中文新媒体	4.54
为了深入研究中国传统文化运用中文新媒体	4.49

项目	均值
为了以后留在中国更好地发展运用中文新媒体	4. 12
为了缓解压力和愉悦心情运用中文新媒体	4. 51

资料来源：笔者统计于 2023 年 8 月 21 日。

（二）中文新媒体使用行为

"中文新媒体用于汉语学习的使用情况"版块下的题目设置旨在调查对象范围内收集新媒体在汉语国际传播中传播行为的情况，包含传播频率、传播平台、传播场景、传播方式、传播内容。对应的题目涉及研究被调查者使用中文新媒体的频率、终端设备选择、目的、关注新媒体的形式及内容等，下列表格为问卷汇总的各项得分均值。

1. 每天使用中文新媒体的时间

中文新媒体的使用时间反映了传播行为中的传播频率。表 2 - 5 为被调查者每天使用中文新媒体的时间。可以发现大多数受访者的日均使用时间集中在 1～3 小时，使用中文新媒体时间小于 1 小时的得分最低，这表明大多数受访者会将使用中文新媒体作为自己日常的一项活动，但可能受限于学业、语言方面原因并未有大把时间投入其中。

表 2 - 5 每天使用中文新媒体的时间

项目	均值
每天使用中文新媒体 1 小时以内	3. 09
每天使用中文新媒体 1～2 小时	4. 21
每天使用中文新媒体 2～3 小时	4. 07
每天使用中文新媒体 3 小时以上	3. 58

资料来源：笔者统计于 2023 年 8 月 21 日。

2. 获取中文新媒体的设备

中文新媒体的获取设备对应了传播行为中的传播平台。根据表 2－6 中文新媒体的获取设备统计,在移动互联技术日益强大的今天,使用手机移动设备毫无疑问是得分均值最高的选项,而数字杂志作为受众群体较小的新媒体媒介,得分较低为 3.95,手机以及相应配套的 App 生态作为数字便捷性的反应方式之一,表明更多的在华留学生愿意通过相对方便快捷的方式来进一步接触中文、接触中文新媒体。

表 2－6 　　　　　　　　　　中文新媒体的获取设备

项目	均值
我倾向于使用电脑获取中文新媒体	4.15
我倾向于使用手机获取中文新媒体	4.38
我倾向于使用数字杂志获取中文新媒体	3.95

资料来源:笔者统计于 2023 年 8 月 21 日。

3. 中文新媒体平台的使用偏好

中文新媒体平台的使用偏好对应了传播行为中的传播内容。表 2－7 使用中文新媒体的类型统计中,最受留学生欢迎的新媒体类型为网络视频类,得分为 4.29,视频类新媒体作为更加直观也更具有趣味性的媒体方式,自然获得较多的追捧,因此相应的通过视频渠道传播中文及中华文化更加广泛。中文类论坛和新闻类 App 得分相近,这两类渠道相较于视频媒体要求汉语受传者具有更高的汉语水平,需要熟练阅读、理解汉语中的字词句,且通常为段落较长的文字,其趣味性远不如视频类新媒体,但仍得到了部分受访者的欢迎。即时通讯类以及新媒体聊天软件得分相对较低,这两类涉及与本土汉语传播者的交流,其难度对于汉语受传者来说最大,要求受传者熟练掌握汉语可以在较短时间内理解对方的话语并构思回复,因此在留学生受访者群体中的使用上来看远不如前几项。

表 2-7   中文新媒体平台的使用偏好

项目	均值
我经常使用即时通讯工具（如微信、QQ 等）	3.84
我经常参加网络舆论活动（如微博、论坛等）	4.02
我经常使用网络视频媒体（如抖音、快手等）	4.29
我经常使用中文新媒体浏览新闻 App、网站等	4.04
我经常使用汉语与中国人在中文新媒体软件上聊天	3.90

资料来源：笔者统计于 2023 年 8 月 21 日。

4. 中文新媒体的使用场景

中文新媒体的使用场景对应了传播行为中的传播情景。根据表 2-8，中文新媒体使用场景中，最热门场景分别是通勤活动、休闲娱乐和学习提升三大场景，信息生产获取与知识付费、社交互动、公益活动和职业关联等场景紧随其后。被调查者在日常通勤中，有更高的频次去使用中文新媒体平台开展汉语的学习，使用呈现碎片化、移动化、即时化的显著特征；另外，被调查者在休闲娱乐场景中也具有较高的新媒体汉语学习频次和热情，体现了中华文化圈汉语运用的必要性与本土化趋势；学习提升、信息获取、社交活动也是新媒体汉语运用的重要分布场景。

表 2-8   中文新媒体的使用场景

项目	均值
学习提升场景	4.52
信息生产获取与知识付费场景	4.38
社交互动场景	4.21
娱乐休闲场景	4.62
职业关联场景	3.98
公益活动场景	4.01
通勤活动场景	4.71

资料来源：笔者统计于 2023 年 8 月 21 日。

5. 使用中文新媒体传播形式的偏好

使用中文新媒体的形式喜偏好对应了传播行为中的传播形式（见表 2 - 9）。使用中文新媒体的偏好统计中，最受留学生欢迎的新媒体形式仍然是以视频类接受中文新媒体内容，得分均值为 4.38，图片、音频形式这类相对比较有趣的形式得分较高分别为 4.25 和 4.21，而文字形式以及聊天平台讨论方式由于其枯燥乏味的特点，偏好这两类形式的受访者较少，得分均在 4 左右。因此，和前面类似，视频类新媒体仍然是最吸引受访者的形式。

表 2 - 9　　　　　　　使用中文新媒体传播形式的偏好

项目	均值
我更希望以文字的形式接收中文新媒体信息	3.93
我更希望以视频的形式接收中文新媒体信息	4.38
我更希望以音频的形式接收中文新媒体信息	4.21
我更希望以图片的形式接收中文新媒体信息	4.25
比起面对面或电话沟通，我更倾向于用聊天的方式或平台讨论区进行交流	4.08

资料来源：笔者统计于 2023 年 8 月 21 日。

6. 中文新媒体所关注的内容偏好

中文新媒体的关注内容对应了传播行为中的传播内容。中文新媒体使用情况调查最后一部分为受访者平时使用的关注内容，通过图 2 - 2，可发现文化观念类内容是最受被调查者关注的内容，比例为 79.5%，表明在华留学生很乐意通过自己喜爱的方式去了解、学习中华文化，接受其熏陶；娱乐信息类内容为第二多受访者关注的内容的，相比于时事热点类和汉语专业知识等较硬核的内容，留学生们显然更倾向于观看轻松诙谐的内容，通过寓教于乐的方式在较低的压力下同步学习汉语；美食与社会生活类信息相对低于文化观念和娱乐类信息的占比，在华留学生在中国语言环境生活久之后会逐渐融入社会，因此在潜移默化之下会浏览观看社会生活类的新媒体内容，并从中寻找社会认同感，学习某些约定俗成的社会不成文规定。

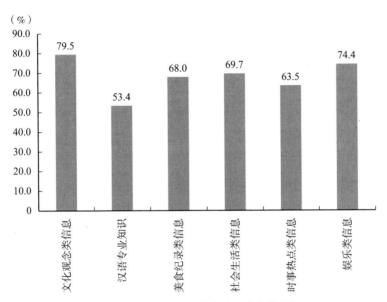

图 2 - 2　使用中文新媒体关注内容的偏好

资料来源：笔者统计于 2023 年 8 月 21 日。

（三）中文新媒体使用效果

1. 中文新媒体对汉语学习的作用

在调研了传播行为和传播动机后，问卷的第五部分对新媒体在汉语国际传播中的传播效果也开展了探究，收集调研对象对中文新媒体汉语国际传播效果的评价。在中文新媒体对汉语学习的作用上，汉语传播作用通过学习者的口语、阅读、书写、听力以及"帮助学习者实现语言本土化"五部分反映。数据结果反映出各个选项的分布相对均匀，除通过文本信息与受传者交流汉语知识外，其余选项不存在明显的差异，比例均分布在 70% 上下（见图 2 - 3）。在听、说、读、写四个维度中，听力的作用相对其余三项所占比例较高，考虑原因可能为受访者更喜欢影音类中文新媒体方式，在反复的聆听过程中受访者的听力水平得到了锻炼，其余维度的能力也随着对汉语认知的加深得也到了一定强化。

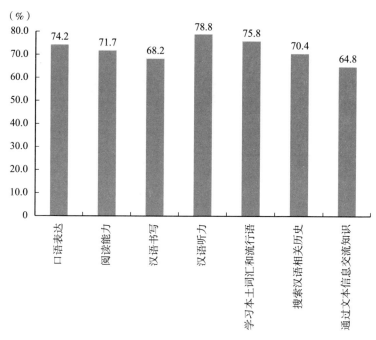

（%）

口语表达	74.2
阅读能力	71.7
汉语书写	68.2
汉语听力	78.8
学习本土词汇和流行语	75.8
搜索汉语相关历史	70.4
通过文本信息交流知识	64.8

图 2-3　中文新媒体对汉语学习的作用

资料来源：笔者统计于 2023 年 8 月 21 日。

2. 使用中文新媒体学习汉语优缺点的分析

由于新媒体汉语国际传播效果这一变量相对其他变量较为主观，在对问卷测项进行设置时，对新媒体传播效果的调研还设置了"新媒体相较传统媒体的优劣势"的题目，优势结合了新媒体传播行为设置测项，如资源丰富、传播范围广泛、可循环反复观看等特点。劣势中的各个问项则来自留学生反馈较多的方面。

首先统计受访者认为使用中文新媒体学习汉语的优点，其中中文新媒体方便交流、信息的搜索便利性和更容易集中注意力得分较高，超过了 4 分，表明受访者对新媒体汉语传播的优势主要还是集中在新媒体平台上，由于其便利性，允许受访者不受时间空间限制去学习了解自己感兴趣的内容，跳脱出课堂，使用喜欢的方式去额外学习。而互动性、通过中文新媒体查阅资料、容易理解方便加工二次使用资料相对来说得分较低，结合前面研究，多数受访者使用中文新媒体平台是出于娱乐、生活目的，因此严肃地使用学习的目的可能并不会引起受访者的关注。但不可否认仍有部分希望通过系统的新媒体平台学习的受访者会将其方便查阅资料，可以归纳加工融入自己的观点，这些特点视作新媒体汉语传播的优势所在（见表 2 – 10）。

表 2 – 10　　　　　　　　　使用中文新媒体学习汉语的优点

项目	均值
中文新媒体更方便交流沟通	4.02
面对中文新媒体资源海量信息，通常会在搜索方面比较节省时间	4.21
使用中文新媒体容易集中注意力	4.13
中文新媒体与朋友、老师沟通氛围很好，互动性强	3.81
使用中文新媒体更容易查阅资料，而且汉语使用较为规范	3.94
中文新媒体所获取的汉语资料容易理解，可以加工成自己需要的学习资料	3.57

资料来源：笔者统计于 2023 年 8 月 21 日。

针对受访者使用中文新媒体学习汉语的缺点统计（见表 2 – 11），收集的数据中可以看出，"缺乏与老师朋友面对面沟通""担心内容是否规范以及方言""语速快、发音等难以理解的内容"被认为是较大的缺点，难以理解的内容得分达到了 4.36，为较高水平。我们可以看出受访者最担心的方面是认为新媒体平台上的汉语学习内容良莠不齐，叠加中国地大物博存在八大语系，新媒体平台可能会带有明显方言和白话简略内容，这会导致受访者对内容的可靠性产生怀疑。而中文新媒体沟通交流不方便、搜索花费时间和容易分散注意力则被认为不是主要缺点，因此在针对汉语受传者使用的新媒体平台内容上，要注意尽量做到标准化，否则这一劣势可能会被放大。

表 2 – 11   使用中文新媒体学习汉语的缺点

项目	均值
中文新媒体沟通交流不方便	3.86
面对中文新媒体资源海量信息，通常会在搜索方面花费大量时间	3.54
使用中文新媒体经常分散注意力	3.95
中文新媒体缺少与老师、朋友面对面的沟通氛围	4.12
中文新媒体上很多内容无法保证汉语使用是否规范，给我带来困扰	4.27
中文新媒体上有些内容很难理解，如方言、语速较快、发音等问题	4.36

资料来源：笔者统计于 2023 年 8 月 21 日。

（四）使用中文新媒体学习汉语的问题及改进建议

本书在研究中还关注了被调查者对中文新媒体在汉语传播有哪些不满意的地方，并对此做了调查与数据统计分析，结果如表 2 – 12 所示。其中，中文新媒体内容层面良莠不齐的问题占比达 63%，反映了被调查对象对当前使用中文新媒体内容质量问题有待提升的真实反映；另外，方言与网络词汇问题占比 51%，这给被调查者的高效使用带来了一定的困扰，也从侧面反映了我国区域文化、特色文化的多样性与独特性以及网络文化的流行；新媒体平台本身的操作便利度、基本知识等问题也给用户带来了一定的挑战和困扰，应引起重视；此外还有一些诸如移动信号不稳定、数据安全等其他问题存在。

表 2 – 12   中文新媒体的使用问题

项目	占比（%）
中文新媒体的操作、指令等较为复杂	43
中文新媒体相关知识内容不够系统	24

续表

项目	占比（％）
中文新媒体有些传播内容难以辨别优劣	63
中文新媒体有些方言、网络词汇难以理解	51
其他	16

资料来源：笔者统计于 2023 年 8 月 21 日。

　　本书还关注了留学生对中文社交媒体内容的更新建议，并对此做了调查与数据统计分析。如表 2 – 13 显示，超过八成的被调查者希望中文社交媒体中出现更多关于中国吃穿住行的生活指南，能够为他们自身的生活提供便利；超过七成的被调查者认为利用中文社交媒体了解中华文化非常必要，这些被调查者非常乐意看到更多的有关中华文化推介与宣传的媒体传播内容；此外，超过五成的被调查者期待中文新媒体中有更多关于汉语教学与休闲娱乐的内容，以满足他们在教育和休闲上的动机需求。

表 2 – 13　　　　　　　　中文新媒体的内容建议

项目	占比（％）
更多关于中国吃穿住行的生活指南	83
有关中华文化推介与宣传	72
更多关于汉语言教学与休闲娱乐	56
其他	16%

资料来源：笔者统计于 2023 年 8 月 21 日。

第二节　汉语受传者使用中文新媒体情况的访谈

　　出于研究的全面性和严谨性，对六位在华留学生开展了专项访谈，下面更全面地对研究问题进行分析与梳理。

一、访谈内容

本访谈旨在深入了解在华留学生使用中文新媒体学习汉语及其生活的具体情况，并理解其中的相关背景和原因等因素，以此弥补问卷调查的不足。访谈内容主要涉及以下几个方面：了解被访者使用中文新媒体的基本情况、了解被访者使用中文新媒体的动机和偏好、了解被访者使用中文新媒体学习汉语的情况、了解被访者在中文新媒体使用时所遇到的问题与建议。

二、访谈结果分析

（一）被访者使用中文新媒体的基本情况

总体来看，受访者出于汉语学习提升、文化融入、社交拓展等目的积极使用中文新媒体平台。新媒体平台的应用为他们提升汉语水平、快速适应中华文化提供了极大的帮助。

对于学生甲来说，该学生已在中国居住 6 年，汉语口语较好，但是在汉语书写方面还须进一步提高。该学生使用微信、抖音、快手等中文新媒体软件频率较高，并且每天都会在固定时间通过快手直播的方式与网友进行聊天和互动，交流内容为中国的日常和巴基斯坦的相关生活。截至 2023 年 8 月，学生甲在快手和抖音上已经有 2 万多的粉丝量，在日常生活中，学生甲主要通过微信与同学、老师和中国朋友进行沟通，时常会利用抖音搜索短视频资料，以此来提高汉语和了解中国文化。学生甲表示，使用中文新媒体主要为了更好地融入在中国的生活，提高汉语水平，通过使用微信、抖音这些新媒体软件，能够了解到更多的中国本土文化，值得一提的是，抖音可以帮助自己缓解压力，可以通过中文新媒体软件了解到很多时事话题。

　　对于学生乙来说，该学生在中国居住约半年的时间，汉语口语较为一般，使用微信、抖音、哔哩哔哩、JUZI 汉语等中文新媒体软件频率较高，经常在抖音和哔哩哔哩花费较长时间。该同学在抖音和哔哩哔哩上关注了很多有关汉语传播的博主，以提高自己的汉语能力，也会通过这些软件浏览趣味性的视频，帮助适应融入本地生活。在汉语学习方面，除了课堂学习，该学生经常使用 Chinese skill、JUZI 汉语和哔哩哔哩，时常会选择慕课的相关课程。该学生表示，使用中文新媒体为日常与中国同学联络带来了很大便利，微信朋友圈、小红书和抖音上有很多有趣的照片、视频，这帮助自己更快速地融入了本地生活，与此同时学习到了更多的本土词汇、本土文化。此外，该同学经常使用中文软件进行网购，方便于生活。值得一提的是，相关语言学习的新媒体软件可以随时查阅单词并对知识进行扩充，这对提高汉语水平拓宽了更多的渠道，所以平常较为青睐选择使用中文新媒体软件。

　　对于学生丙来说，该学生在中国居住了 3 年，在汉语口语交流方面较为流畅，经常使用微信、抖音与中国的朋友们进行沟通和互动。另外，小红书是该同学作为日常休闲娱乐使用率较高的 App，该同学通过小红书关注了一些中国时尚博主。在新冠肺炎疫情期间，该同学经常使用抖音观看相关汉语学习的直播以及通过慕课的汉语课程来提高自己的汉语水平。该同学表示，使用中文新媒体原因是通过新媒体可以获取海量的信息资源，很多资源在传统课堂中没有机会接触，并且可以不受时空间限制来学习汉语，这对课堂以外提升汉语水平是很好的途径。并且借助中文新媒体软件，老师也经常分享学习资料和素材，方便与老师、同学随时互动。

　　对于学生丁来说，该学生于 2019 年 9 月开始在中国读本科，放寒假回到乌克兰，由于受新冠肺炎疫情的影响，一直到 2023 年才回到中国继续学习，期间一直通过线上课程进行学习，该同学经常通过网络课程的学习方式提升汉语，学习相关中国的各类知识。该同学一直使用微信与中国同学、朋友和老师保持联络，通过抖音和哔哩哔哩，关注了很多博主。该同学表示，单纯的网课气氛学习汉语有些枯燥，而抖音和哔哩哔哩上面很多有趣的视频不仅可以作为日常消遣，并且帮助自己进一步解中国地道文化。

对于学生戊来说，已经在中国生活 4 年的时间，汉语在高中时期开始学习，到中国学习后，口语快速提升，除了常规的线上课程使用中文新媒体，该同学经常使用微信和抖音，并且时常使用微信朋友圈和抖音分享自己的生活，与网友在评论区进行互动，这吸引了很多的粉丝量。

对于学生己来说，在中国生活不到半年的时间，受身边同学和老师的影响，现在使用微信和抖音的频率较高，学校老师向他推荐了 JUZI 汉语 App 作为日常学习使用，经常通过这个 App 拓展汉语词汇，日常会通过慕课学习汉语相关课程，由于到中国时间较短，当前在适应中国的生活和学习环境。该同学表示时常通过抖音浏览很多视频，例如，博主记录生活类、吃播类和电影片段。该同学认为使用中文新媒体可以提高汉语水平，尽快地适应在中国的学习生活。

（二）被访者使用中文新媒体的动机具有多元化的特征

学生甲和学生丁认为，使用中文新媒体可以帮助在华留学生较快融入本地生活，提高汉语水平。通过微信、抖音等热门新媒体软件能了解更多的中国本土文化。日常业余时间依赖于抖音和快手较多，现在已经获取很多粉丝关注。学生甲和学生乙表示通过直播的方式认识到很多中国朋友，喜欢和中国朋友沟通交流，学习中国文化，了解时事新闻，今后有意向留在中国工作。使用中文新媒体起初是因为微信软件较为方便，能随时与同学、老师沟通交流，然后开始尝试使用微信语音，虽然有时候理解困难，但是可以较快地提高听力和口语。此外，抖音也是日常使用频率较高的新媒体软件之一，通过抖音可以获取到很多现实中无法获取的信息，由于新冠肺炎疫情的影响无法在中国线下学习，这对自身汉语水平提升带来较大影响和压力。为了提高汉语水平，会通过慕课去搜索汉语课程，也经常利用休闲时间使用抖音和哔哩哔哩去刷一些视频来拓宽学习途径。

　　学生乙使用微信和抖音频率较高，在日常生活中时常使用中文新媒体平台进行消遣时间，在通过新媒体平台浏览视频或者文章时，可以潜移默化地加固自己对汉字的理解。

　　学生丙认为，使用中文新媒体是因为新媒体上有海量的信息资源是自己平常在课堂上或在现实生活中无法得到的，并且可以随时随地地使用，获取想得到的信息，也可以不受时间、空间限制来学习汉语，这对课堂以外提升汉语水平是很好的途径，而且借助中文新媒体，可以与老师、同学随时进行沟通，非常的方便，老师也经常通过微信分享学习资料和素材，查看和储存都非常的方便。

　　学生戊和学生己认为，最喜欢的中文新媒体软件是抖音。刚到中国时，学习压力较大，汉语学习非常困难，然后，通过抖音会浏览一些相关留学生分享心态平衡、适应生活的视频，抖音对自己适应中国提供了很大帮助。抖音还可以浏览有关生活、美食、旅行、音乐等各种题材的视频。目前，该同学也经常在抖音上分享自己在中国生活的视频，并且通过抖音，认识很多朋友，该同学表示现在希望当一名博主，通过分享自己的视频，能帮助其他在华留学生，也希望能吸引更多的留学生来中国。学生己表示使用中文新媒体是想尽快地适应在中国的学习生活，提升汉语水平，对自身来说汉语非常难学，很多字词理解较为困难，JUZI汉语 App 给在华留学生拓宽了学习汉语的途径，外出买东西、吃饭都会用到这款 App，可以随时查阅一些词汇并进行相关知识点拓展。该学生表示每周末会通过慕课的汉语课程进行学习，这对汉语学习带来了很大的帮助，娱乐时间使用抖音最频繁，抖音视频题材较为丰富，可以帮助在华留学生较快了解中国本土文化，适应在华生活。

　　接受访谈的学生们在提到使用中文新媒体学习汉语的目的时体现出了多元化。比如，汉语能力提高（教育驱动）、了解中华文化（文化驱动）、商业价值追寻（商业驱动）和社交需求（社交驱动）等层面。

　　另外，根据进一步访谈的结果发现，新媒体汉语国际传播具有显著的良好效果，教育因子、文化因子是外部驱动力中的主要因素。在华留学生认为中文新媒体可以作为提高汉语水平、了解中国文化、融入本土生活的有效途径，中文新媒体上有很多素材是可以作为汉语学习的辅助和文化拓展的环节，其视频、课程是多元的。

学生甲表示，在2020～2022年新冠肺炎疫情期间，所生活的地区经常处于封控状态，学校线下课全部暂停，课程全部借助新媒体软件进行线上授课，如腾讯会议室、慕课、钉钉。这些软件对于在华留学生来说，最大的便利是课后可以多次播放老师上课的内容，这有利于对上课内容的巩固，老师也经常将一些课件分享在交流群里。值得一提的是，通过钉钉这个软件，老师可以在上面布置作业，学生可以很方便地提交作业，完成打卡，老师即时修改所提交的作业，并与学生针对作业和学习情况进行沟通；日常该同学也在很多社交软件上关注有关汉语教学、传播中国文化的博主，这些视频既生动又形象，可以帮助汉语受传者更容易理解到一些词汇在什么样的场景中更适合使用。该同学表示，中国每个地区都有自己的方言，通过抖音上的视频和直播可以学习很多地区方言。

学生乙表示，自身汉语口语需要尽快提升，现在使用JUZI汉语App较频繁，这个软件可以帮助在华留学生方便快速地查阅词汇，并且有拍照检索功能，模糊的字词也可以查询。通过查询，联想拓展的内容将一同展现，可以帮助在华留学生学习、拓展汉语知识。此外，这个软件每天都会推送一些社交类的视频和会话来帮助汉语受传者提高汉语口语水平。该同学也经常使用微信与同学、朋友聊天，聊天时如果遇到不太明白的句子，会选择直接翻译的功能来帮助理解。学生乙经常浏览微信朋友圈、视频号，了解朋友们的近期动态。另外，他还选择使用哔哩哔哩这个新媒体平台，表示在这个平台上能浏览到相关汉语学习的内容，例如，歪国仁研究协会、对外汉语老师Cristina。这些博主经常会上传一些有关汉语学习或日常生活的视频，视频的"弹幕"和"评论区"很有趣，闲暇时间，他会看哔哩哔哩网站上的直播，有的博主会设计互动感较强的游戏来提高汉语受传者对课堂的积极性，直播内容非常丰富；哔哩哔哩平台有一个视频功能，学生乙经常借助视频功能与汉语教学的博主进行互动，与博主进行沟通学习、生活方面的一些问题，这对自身汉语水平的提升带来很大帮助。学生乙表示虽然在中国只有1年的交流时间，今后他也会经常使用这些软件来提升汉语水平，了解中国，希望未来还有机会回到中国生活、工作。

学生丙指出，新冠肺炎疫情期间改为线上授课，起初认为这会对自身汉语水平提升带来困难，但是通过线上授课，逐渐发现很多中文新媒体的功能非常强大，除了老师正常线上上课讲授的内容，老师还推荐使用慕课，在慕课上面有很多优质的学习资源，可以根据学习需求来选择课程，时间更加灵活。日常学生丙会经常通过慕课搜索有关汉语学习或传统文化的课程。近期同学丙通过慕课学习陈亮老师的《中国茶文化》这门课程，他表示，虽然课程时间较短，但是内容设计新颖丰富，图文并茂，通过课程，会给学习者推荐相关书籍、视频资料作为知识的扩充。课程结束后，老师会布置相应的习题和作业，同学们互相评价作业，促进交流。此外，学生丙经常用微信和抖音与朋友进行互动。总而言之，通过中文新媒体平台的使用，进一步提升汉语水平，使学习汉语不局限于线下课堂，中文新媒体平台对汉语学习者带来很大的帮助。

学生丁表示，由于受新冠肺炎疫情影响，两年的时间没在中国，但是一直在使用中文新媒体软件学习汉语。老师采取腾讯课堂的形式进行授课，腾讯课堂签到、评论区答疑、上传文件等功能非常便利，老师会通过腾讯课堂布置作业，对在华留学生而言，最大的优势是课后可以回播课程，方便巩固复习。此外，老师通过微信建立班级群，借此分享一些汉语知识点或学习视频，班级群互动非常频繁，同学们经常在班级群对某一话题进行讨论。他表示，通过慕课学习参与了《走进汉字》《告诉你不知道的中国》《HSK强化课程》等汉语课程，日常在抖音和哔哩哔哩关注较多的是中国美食的相关视频。值得一提的是，抖音和哔哩哔哩给生活带来了娱乐性功能，可以缓解很多压力，通过使用中文新媒体软件，汉语水平有大幅度提高，并且让汉语受传者更深层次地了解中国。自2023年入境中国继续学习，根据抖音和哔哩哔哩推荐的地方美食，与同学一起品尝了很多中国美食，现在已经适应了在中国的生活环境，更重要的是，开口说汉语时变得更有自信，还学习到一些本地方言。

对同学戊来说，语言和文化是刚开始在中国生活学习时最难以克服的问题。汉语是一门较难学的语言，单纯地依靠老师上课，情景比较单一，有很多知识虽能理解，但是当表达的时候却不知如何表达。同学戊在抖音上关注了一些留学生的相关账号，他们会分享在中国的生活和学习，通过所分享的内容，同学戊获取了很多线上汉语课程的资源，时常会看很多抖音博主直播。中文新媒体软件的使用，帮助同学戊快速适应在中国的学习和生活，现在同学戊也经常在抖音上分享日常，与粉丝进行互动，很多中国粉丝会介绍一些地道的中国特色给同学戊，同学戊希望把自己拍的视频通过抖音传播给更多的人，与更多的网友交流在中国的生活和本土文化，一起去了解中国，探索中国文化。

同学己认为，中文新媒体已成为在汉语学习中必不可缺的一部分，每天都会使用中文新媒体学习或娱乐，上课和做作业时遇到难题会使用JUZI 汉语 App 进行查询，课后会继续学习 App 上的扩充知识和 HSK 考试的相关知识点。App 上也有收藏夹、习题本、小视频等非常实用的功能，对汉语学习者来说，汉语口语发音非常难学，而使用 JUZI 汉语 App 可以跟读练习，尤其遇到不懂的问题时，可以随时发起提问，会有老师较快地帮助解答。慕课也是在学习汉语期间使用频率较高的一个平台，平台的老师都很权威、专业，讲的知识对汉语学习者来说非常有实用性，并且很多课程是免费的，这对学生非常的友好。微信和抖音是常用的社交软件，通过经常与同学聊天，浏览朋友圈和视频号，帮助同学戊更快地适应了中国的生活，提高了汉语学习能力。

（三）被访者使用中文新媒体学习汉语的情况

1. 传播平台集中度较高，主要集中在微信、抖音、快手、微博等头部平台

微信、抖音、快手、微博等中文新媒体平台为大众熟知，在华留学

生会选择在中国比较火的汉语社交软件和学习软件来提高汉语水平。通过社交平台，也能够潜移默化地提高自己汉语的使用水平。

同学甲指出，微信是当前在中国使用较频繁的聊天工具，在华留学生通常会使用微信与老师、同学和朋友进行聊天，交更多的中国朋友，并且微信群方便传输文件、分享视频、音频等内容，在华留学生也经常使用微信朋友圈、视频号等功能来了解本地生活。同时，抖音也作为在华留学生日常使用的社交、娱乐新媒体之一，会通过里面很多博主发的视频来了解中国本土文化，学习更多地道的口语表达方式。

同学已认为，微博是目前在中国常用的新媒体平台，可以通过微博获取到中国本土的潮流资讯、当地实时新闻和国际要闻，也可以通过超话广场，自由发言。一方面通过接收信息来认识更多的汉字和汉语用法；另一方面通过社交平台上的互动功能锻炼自己汉字的使用能力。

同学丁和同学戊指出，在中国的学习生活离不开当地的各类新媒体软件。日常通过抖音和快手，可以刷到很多汉语的教学视频，以及有趣的相关中国文化解说视频。视频内容丰富，帮助留学生进一步了解中国文化，通过使用微信，帮助在华留学生越来越熟练地使用汉语和同学老师及中国的朋友聊天，更加地熟悉中国的语境和当下的网络用语，很多词汇在不断地使用中被巩固。

2. 传播场景主要集中在校园及关联扩展微场景下

同学丙和同学已指出，JUZI 汉语 App 非常的方便，外出买东西、吃饭都会用到这款 App，可以随时查阅一些词汇。除了日常的学校线下上课，每周末会使用慕课进行汉语课程学习，这对留学生的汉语学习带来了很大的帮助。娱乐时间使用抖音频率较高，抖音各类题材的视频非常有趣，可以帮助留学生更好地了解中国本土文化，快速适应生活。

同学戊也认为他平时关注抖音及微信的视频号创作内容中，有相当一部分是关系到校园学习生活的，更能引起他的共情。

根据访谈结果，受访者新媒体汉语传播主要集中在校园及关联扩展的微场景下，这与他们的学生身份关联度较高。

3. 传播内容主要以学习、社交、文化和娱乐为主

同学甲指出，平常在新媒体软件上经常搜索的内容主要以学习汉语、学习中国文化、了解本地实时新闻较多，并且借助新媒体与同学、朋友和老师能够及时地沟通联络，非常的便利。

同学丁指出，现在使用最多的就是抖音、微信和课程类的 App，这些软件的使用给他的学习、生活和社交带来了非常大的帮助。

同学戊指出，在抖音、哔哩哔哩上面，有很多中国文化和地方特色的视频，也有很多关于方言的视频，这些是在线下课程非常难学到的，并且很多视频丰富了他的娱乐生活。

同学己指出，新媒体汉语传播的内容非常丰富，基本满足了我的学习、社交以及娱乐的基本诉求，已经成为我日常生活学习的一部分。

根据访谈结果，研究者发现受访者新媒体汉语传播内容主要集中在汉语学习、社交、文化和娱乐几个层面。

4. 传播方式以视频、文字、图片、语音为主

同学甲指出，大多数业余时间比较依赖于抖音和快手，现在个人抖音账号已经有很多的粉丝，经常通过直播的方式结交中国朋友，和中国人聊天，了解中国，以后想留在中国工作。

同学乙和同学己指出，日常使用的较多的是抖音、微博这类交互性较强的新媒体平台，所以接受汉语传播的方式几乎是博主们分享的视频或图片。这些博主会时常分享汉语知识点或宣传中国历史文化，同学乙和同学己与博主互动较为频繁，比如，留言评论、直播互动来促进自己汉语应用的能力。另外，会经常使用微信和同学、老师发信息，文字和图片的形式也是在华留学生接受汉语传播的方式之一，通过大家之间的信息互动，强化自己的汉语水平。

同学丁指出，微信语音功能非常的方便，采取视频和图片的形式会帮助汉语学习者更容易理解相关语句，新媒体软件的视频对汉语学习者来说是很好的方式，内容丰富且容易理解。

根据访谈结果，受访者通过中文新媒体接受汉语传播的方式主要以

视频、图片、语音为主，即以视觉呈现为主。

（四）被访者使用中文新媒体的问题

1. 传播内容鱼龙混杂，平台审核不严格

同学甲指出，中文新媒体上存在很多网络词汇和用语，这会对汉语初学者产生一定的影响，在抖音上学到的一些网络词汇，并不能准确地知道什么时候适用，影响了对汉语语言的理解和运用。

同学丙表示当前留学生有些过度依赖新媒体软件上的翻译功能，尤其是聊天软件对话框中可以很方便地转化英语，而不是自主地去学习汉语，这对学习汉语非常的不利。另外，很多学习视频内容仅有解说，并没有配文字，对汉语初学者来说很难跟上语速，理解会存在偏差，希望视频能够配上文字，来提高学习汉语的实用性，很多博主的视频普通话发音并不标准，这经常让汉语学习者产生疑惑，由于存在文化差异和理解偏差，有些视频内容也很难理解。

同学戊表示，他有时会用"中文联盟"来接收中华文化方面的信息。虽然"中文联盟"开设有"中华文化"传播专栏，课程资源丰富，但是并没有按学习者的汉语水平层级划分，汉语学习者很难有针对性地开展学习。

同学己指出，他在使用中文新媒体时，遇到的最大的问题是网上新兴词汇带来的理解障碍，刷抖音的时候或与中国朋友聊天的时候经常会遇到一些很难理解的词汇，通过新媒体词典查也很难得到准确的答案；另外由于文化差异和语义习惯的影响，微信里面除了班级同学以外，大多朋友都是本国的朋友或留学生，平时聊天与本国同胞或留学生交流居多，这对学习汉语和了解中国文化带来了阻碍。

由此，中文新媒体上的新兴网络词汇对留学生学习汉语会带来一定的影响。网络语言中新兴词汇不断涌现，很多网络语言与传统表达方式和语法结构不同，这对留学生学习汉语产生障碍，当前留学生都较为依赖抖音、哔哩哔哩等新媒体，留学生如果没有正确地理解网络语言，不恰当使用，将会影响留学生正文书写的规范性。

2. 传播便捷性有待提升，传播方式缺乏互动性

同学乙指出，在中文新媒体上学习一些中国文化时，多为理论知识，线上老师有讲授很多中国茶文化的知识，但是很难实践操作，无法亲自感受，缺少与老师的展示与互动，同学乙认为在新媒体软件上需要增加一些互动板块，比如，与博主、老师视频互动的板块，中国是一个历史文化悠久的国家，汉语学习者希望能够通过新媒体获取更多的中国文化的资料，增加跨文化交际，更好地融入中国的学习生活。

由此可以得知，目前新媒体汉语传播的便捷性有待提升，一些操作端、设备端的问题阻碍了传播过程，同时传播方式比较单一，缺乏高水平的交互性。

3. 传播适配场景较为单一

目前新媒体汉语传播所应用的场景较为单一，多样性不足，对于持续提升留学生的汉语听、说、读、写能力产生了不利影响。

同学丙指出，汉语作为全球最难学的语言，在学习时有很大挑战，希望能够用更多的场景来进行语言听、说、读、写的教学，比如，旅行、购物、点餐等各种场景。帮助留学生短时间提高汉语水平。

同学戊指出，应进一步提升新媒体汉语传播场景的多样性探索，目前缺乏生活应用等微场景，对留学生快速融入中华文化带来了挑战。

4. 新媒体学习汉语时遇到书写困难

部分受访者表示，新媒体学习汉语时存在书写障碍，很多时候无法将想要书写的内容正确、流畅地书写下来，由于是网络学习，没有督促和现场教学，真正想学写汉字的时候有些困难。

同学甲、同学乙、同学丁认为，新媒体汉语学习固然是一个非常重要的学习通道，提升了学习效率和学习效果，帮助留学生快速融入中华文化，但显而易见的是，新媒体自身的汉语传播存在着书写教学不足与滞后的问题，不利于学生持续提升自身的书写能力。

同学己指出，平时在课外实践习惯使用抖音、微信及一些学习汉语的网络平台，觉得自己的汉语水平有所提高，通过这些平台，认识了很

多字，会听会说，觉得顺理成章地会写。但是，当提笔写字时，却发现还是不太能够写好。虽然也看了一些写字的教学视频，但是因为没有课下作业，自己练习也不够勤快，所以进步较慢。

5. 有时不太理解新媒体平台的操作指令

同学丙指出，在新媒体上通过搜索关键词往往会得到海量的信息，而在筛选的时候会用很多的时间。

同学戊和同学己指出，有些中文新媒体平台上的操作指令有些复杂，自己并不能够很好地理解并操作使用。大多时候会使用他们基本的简单的功能。如果能有中英双语版，或者对一些复杂功能有相应的解释说明就更好了。

由此可知，对于学习汉语的留学生，尤其是初级学习者来说，中文新媒体平台上的功能指令他们并不太会理解，为提升学习效率和效果带来了障碍。

6. 传播平台对于用户合理使用时间、使用频次缺乏合理提醒与约束

同学甲指出，在使用新媒体时最大的困扰是没有时间观念，因为在抖音和快手上，有非常多有趣的视频，经常刷着刷着就一两个小时过去了，自控力比较差，很难做好时间管理，另外，有的博主水平一般，发送的视频质量也比较粗糙，他们发表的很多较为片面的观点，让自己难以区分，评论区很多网友的评论也很难让自己辨别是非，觉得应该加强对很多博主的资质审核，视频质量也应该审核更严格。

同学丙指出，在新媒体上往往会花费大量的时间，尤其是刷抖音时，经常一刷视频就刷很久，影响了做其他事情。

同学戊指出，现在每天会在中文新媒体上花费大量的时间，中文新媒体虽然给他带来了更大的便利和帮助，在放假的时候，更喜欢待在家里通过中文新媒体与朋友沟通，面对面交流的时间越来越少了，以前会通过线下形式来开展小组讨论，现在大多数都是通过腾讯会议来讨论，除了上课与同学见面的机会少了很多，甚至在上课的时候，也会不自觉地用手机刷抖音，沉迷于网络的时间太多，影响了正常的学习和生活。

由此可知，多数在华留学生会认为抖音等视频软件会难以进行时间管理，容易沉迷在虚拟网络。抖音内容有趣且丰富，刷抖音虽然可以娱乐消遣，也可以提高自己的汉语水平，更好地融入本土生活，但是经常不自主地就在抖音等新媒体软件上耗费大量的时间，如何合理规划使用抖音等视频软件的时间是值得思考的一个问题。

第三节　汉语传播者使用中文新媒体情况的问卷调查

一、问卷设计与数据收集

本节同时选取了汉语国际传播者作为调研对象，即从事对外汉语教学与传播的相关工作者的群体，旨在国际范围内弘扬汉语和中华文化。样本在年龄、性别、国籍、母语、所掌握汉语水平等要素上存在多样化、差异化的特征，在一定程度上降低了由于样本类型单一所带来的结构性误差，提升了所采集数据的质量，有利于提升研究的有效性与合理性①。因此，在样本多样性上，问卷的发放满足了研究所需的要求，减少集中抽样导致的偶然性的同时，对研究不同语言环境下变量间影响关系也能提供较好的佐证②。

（一）问卷基本结构

本节设计了半开放式调查问卷，问卷内容由六个部分组成，分别是

---

① Dillman D A, Bowker D K. The web questionnaire challenge to survey methodologists. *Online social sciences*, 2001, 7: 53–71.

② Raghunathan T E, Grizzle J E. A split questionnaire survey design. *Journal of the American Statistical Association*, 1995, 90 (429): 54–63.

受访者基本信息、中文新媒体使用情况、中文新媒体传播汉语的行为情况、中文新媒体用于汉语传播的动机、中文新媒体应用于汉语传播功能的评价、中文新媒体应用于汉语传播功能的改进建议。问卷主体部分的题型使用的是李克特量表，由 1～5 分别代表"完全不符""不符合""一般""符合""非常符合"；及"非常不赞同""有些不赞同""一般""有些赞同""非常赞同"。

其中，问卷的第一部分受访者基本信息的采集主要用于后续的描述性统计，拟设置年龄、专业背景、职业、从事汉语传播事业的时间、从事汉语传播工作的原因。在多数研究中，有关受访者基本信息的收集主要用于辅助研究结论的提出[①]。

问卷第二部分是中文新媒体使用基本情况的调研，该部分问题的设置是为了统计分析针对"传播者"这一群体新媒体汉语传播行为的情况。

问卷第三部分是中文新媒体用于汉语传播的动机，主要洞察中文新媒体环境下传播汉语的情感态度、使用中文新媒体传播汉语的动机等关键问题。

问卷第四部分是中文新媒体传播汉语的行为情况调研，着重调研传播平台、传播场景、传播内容、传播方式和传播频率等关键问题。

问卷第五部分是中文新媒体应用于汉语传播效果的评价，用于收集调研对象对中文新媒体汉语国际传播效果的评价，包含对中文新媒体汉语传播效果的看法、中文新媒体对汉语传播的作用、使用新媒体开展汉语传播的优点和使用新媒体进行汉语传播的缺点等关键问题。

问卷第六部分是中文新媒体汉语传播改进建议。封闭式测项结束后问卷还设置了开放式问答题，用于和后期访谈相结合，主要在研究结论以及建议对策中加以体现。设计此题的目的是从传播者的角度来看待具有汉语国际传播功能的新媒体账号应该传输什么样的内容更容易吸引汉

---

① Boynton P M, Greenhalgh T. Selecting, designing, and developing your questionnaire. *Bmj*, 2004，328（7451）：1312－1315.

语传播者，进而便于本书提供对应的改进意见。

（二）问卷题目设置

本节结合已有成熟的问卷题项设置方法论，形成了科学合理的问卷题项。参考成熟的问卷题项模型，结合本书的主客观条件进行本土化改编，经过课题组专家评估论证后确定问卷题项。在对传播动机题目的设置时，其维度被划分为商业驱动、教育驱动、文化驱动、社交驱动和休闲驱动。同时，在对汉语国际传播行为的题目设置时，将其维度划分为传播平台、传播场景、传播内容、传播方式和传播频率。

问卷发放阶段，由预调研和正式调研组成①。正式调研之前为了提升问卷的准确性和科学性，通常会安排一次少量问卷的发放，较小样本容量的预调研令数据处理相对容易，且能获得足够的依据验证问卷整体的信效度。同时可以对未达到要求的测项做相应的调整或剔除，结合被调查者的反馈建议，对问卷初稿的题目进行相应调整，最终形成面向大样本受访者发放的终稿。

（三）问卷调查实施路径

为了令研究更具有说服力，且排除问卷中的干扰项，研究拟开展预调研加以修正，同时根据受访者能否在较合适的时限内专注地完成问卷来判断问卷整体篇幅是否过于冗长、变量及测项表述是否通俗易懂、问卷中措辞有无较大歧义等。由于预调研主要为小范围发放，因此主要发放方式为线下发放，主要发放对象为乐于传播中国文化和汉语的同学及老师，数量整体控制在 10～20 人，小范围调查对象既有助于实现 100%全部问卷回收，避免发放过多无效问卷并获取高质量预调研问卷，也有助于一对一观察预调研对象在调研过程中的真实反映，并第一时间为记

---

① Couper M P. Technology and the survey interview/questionnaire. *Envisioning the survey interview of the future*, 2008: 58 – 76.

录问卷中的不合理内容以便改正[①]。

预调研问卷回收后对结果进行信度、效度检验，由于调研样本容量有限，因此信度效度分析作为参考，判断问卷整体设计是否合理。

预调研问卷共计发放 19 份，回收 19 份，经逐一筛查后未存在无效问卷，有效问卷占回收问卷的 100%。预调研结束后预留 10 个工作日用以做信效度检验以及完善问卷，其中信度效度均满足进一步大规模发放问卷的标准。

确保问卷通过信效度检验且完整无误后，开展大规模问卷发放，问卷发放持续十四个自然日为期两周，并在期间逐渐回收已发放问卷。

（四）问卷发放与回收

根据前面结论，对问卷重新修改语言表述后，开始正式调研。为确保调研样本的全面性，以便总结出归纳性的研究结论，符合从事对外汉语教学与传播相关工作的人群都纳入本次调研对象范围中，并无国籍限定。故而，正式问卷的发放方式为线上线下同步发放。其中，针对中国境内的受访人群，问卷发放方式主要为线下发放和线上调研平台"问卷星"，调研信息主要通过学校微信群发布或口口相传；其他国家的问卷发放方式主要通过 Toluna、SurveyMonkey 等平台，再通过 Twitter、Reddit 等渠道发布调研信息。问卷回收工作于发放开始后的两周进行，其间陆续收到共 254 份问卷，剔除掉问卷选项重复度高、作答时间过短的问卷后统计收回有效问卷 213 份，占比 86.4%，问卷的有效比例较高可以满足研究数据分析要求。问卷回收阶段结束后进行分析处理，数据处理阶段实际在一个月时间内完成[②]。

---

①　Hoonakker P，Carayon P. Questionnaire survey nonresponse：A comparison of postal mail and Internet surveys. *Intl. Journal of Human – Computer Interaction*，2009，25（5）：348 – 373.

②　Fitzpatrick R. Surveys of patient satisfaction：Ⅱ—Designing a questionnaire and conducting a survey. *BMJ*：*British Medical Journal*，1991，p. 29.

（五）问卷调查对象

关于对汉语传播者有关新媒体使用情况做的进一步的调查，首先问卷第一部分仍然是对受访者基本情况的了解，涉及五个问题，分别为年龄、专业背景、职业和从事汉语传播的时间及原因，表 2 – 14 为汉语传播者的基本情况统计表。

表 2 –14　　　　　　　　人口统计变量描述性统计分析

项目	类别	频数（个）	频率（%）
年龄	18 岁以下	11	5.2
	19～35 岁	57	26.8
	35～55 岁	103	48.4
	55 岁以上	42	19.6
专业背景	理工类	19	8.9
	文学类	97	45.5
	美学类	34	16.0
	其他	63	29.6
职业	文艺工作者	15	7.0
	科研工作者	21	9.9
	教师	134	62.9
	自由职业者	25	11.7
	其他	18	8.5
从事汉语传播事业时间	3 年以内	27	12.7
	3～5 年	32	15.0
	5～10 年	58	27.2
	10 年以上	96	45.1
从事汉语传播工作原因	商业因素	20	9.39
	文化因素	52	24.41
	教育因素	126	59.15
	其他	15	7.04

资料来源：笔者统计于 2023 年 8 月 21 日。

从年龄分布来看，35～55岁占比最多，约占48.4%；19～35岁占比约26.8%；55岁以上占比约19.6%；18岁以下占比较低。

从专业背景分布来看，文学类专业所占比最高接近一半，为45.5%，其他类专业占比略低于文学类，达到29.6%，其次为美学类和理工类专业占比较低，分别为16.0%和8.9%，考虑到本书研究与汉语相关，因此这一结果较符合预期。

从职业来看，教师所占比例最高达到了62.9%，超过一半的受访者为教师，其中既包括语言类（汉语类及其他）教师，也包括非语言教师；其次自由职业者、科研工作者、其他职业和文艺工作者所占比例依次递减，均为10%左右。

从从事汉语传播事业时间来看，10年以上的受访者比例最高，达到45.1%，这部分群体多数为教师，且多为副教授以上职称，他们可能从入职起便从事汉语教育事业；5～10年的受访者比例次之，为27.2%；其余按从事时间比例依次降低，3年以内的受访者占比只有12.7%。

从从事汉语传播工作的原因来看，教育因素占比最大，达到了59.15%，是从事汉语传播工作最大的原因来源；其次是文化因素，占比24.41%；商业因素占比9.39%；其他因素占比7.04%。

二、调查结果分析

与针对学习者为受访对象的调研问卷相同，汉语传播者参与的问卷调研数据仍通过可视化图表可以直观地呈现数据的特征和趋势，以更好地理解和分析数据①。柱状图用于展示分类数据的频数或频率，可以比较不同分类之间的差异。另外，为了更清晰地表达调研结果，部分题目

---

① Williams C R, Lee Y L, Rilly J T. A practical method for statistical analysis of strain-life fatigue data. *International Journal of Fatigue*, 2003, 25 (5): 427－436.

采用均值的方式呈现数据。调研数据依据本书研究思路"传播动机"—"传播行为"—"传播效果"进行数据整理及分析。

（一）汉语传播者使用中文新媒体的传播动机分析

在对传播者使用中文新媒体于汉语国际传播的调查问卷中，问卷的第二部分包含了对传播者使用中文新媒体平台一般性目的的数据收集。问卷第四部分是特定于中文新媒体用于汉语国际传播动机的问题，下设"中文新媒体环境下传播汉语的情感态度"和"使用中文新媒体传播汉语的动机"。该部分的调研旨在从汉语传播者的角度探究其使用中文新媒体平台开展汉语国际传播的动机。

1. 使用中文新媒体平台的目的

关于传播者使用中文新媒体的一般性目的统计，其中有 83.2% 的受访者提到了方便沟通交流，意味着受访者在使用中文新媒体时首要考虑的第一目的多数为日常使用，主要用于和华人或是学生开展交流；接下来为与受传者联系更加紧密，占比为 80.2%，表明汉语传播者将传播汉语为己任，通过新媒体平台是为更好建立与汉语受传者的关联；接下来顺序依次为成为生活工作习惯、工作需求和了解相关资讯，这些表明就汉语传播这群体来讲，在提高汉语水平目的没有十分迫切的时候，更多的目的是偏向于生活方面的各项便利（见图 2–4）。

2. 使用中文新媒体传播汉语的情感态度

在使用中文新媒体传播汉语的情感态度中，得分最高的选项为"我喜欢通过中文新媒体开展汉语传播"，这表明多数的受访者是乐意通过新媒体方式去传播中文的，总体持一种积极的态度，因此在后续对汉语传播者的授课方式上可以酌情采取新媒体与传统教育有机结合的配套方式。接下来中文新媒体环境中时间地点的灵活性、学习更加灵活和分享积极性得分均超过了 4 分，表明受访者基本认可新媒体环境下的汉语学习方式，对其自由观看、灵活选择的特点抱有热烈的情绪，同时乐于将自己在新媒体平台上的所见所闻分享给同学、老师、家人朋友等，起到了汉语间接传播的作用（见表2-15）。

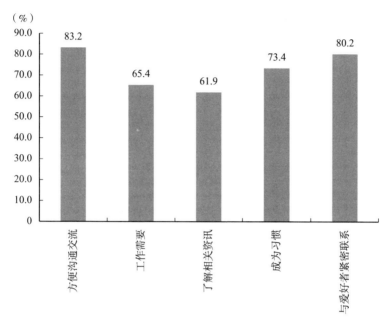

图2-4　使用中文新媒体平台的目的

资料来源：笔者统计于2023年8月21日。

表2-15　　　　　　　中文新媒体环境下传播汉语的情感态度

项目	均值
我喜欢通过中文新媒体进行汉语传播	4.57
中文新媒体环境下有利于安排时间和地点	4.03
中文新媒体环境下汉语资源比课堂丰富	3.63
中文新媒体环境下多种平台（如抖音、哔哩哔哩等）有利于汉语的自主学习	3.84
中文新媒体环境下的汉语学习更加灵活	4.08
中文新媒体环境下汉语自主学习值得推广	3.51
我愿意与汉语受传者分享相关的学习资料	4.11
我能主动参与中文新媒体上所发布的感兴趣话题	3.48

资料来源：笔者统计于2023年8月21日。

3. 使用中文新媒体传播汉语的动机

根据调查结果，教育驱动的中文新媒体汉语传播占比最大，达到了4.73分，体现了被调查者日常汉语传播更多的是出于知识传播、教育学生的动机；社交驱动、文化驱动和休闲驱动分值紧随其后，分别为4.27分、4.16分和4.11分，表明被调查者为了在社交层面、文化层面和休闲层面有更高的参与度和体验感，主动地使用中文新媒体开展汉语传播；商业驱动因素分值为3.92，是所有动机中最弱的一个要素，表明被调查者使用新媒体汉语传播行为背后，商业考量较弱，教育、文化、社交和休闲是主流动机要素（见表2-16）。

表2-16　　　　　　　使用中文新媒体传播汉语的动机

项目	均值
为了社交需求运用中文新媒体传播汉语	4.27
为了提高汉语教学传播效率运用中文新媒体	4.73
为了深入传播中国传统文化运用中文新媒体	4.16
为了自身教育职业更好的发展运用中文新媒体	3.92
为了寓教于乐，愉悦心情运用中文新媒体传播汉语	4.11

资料来源：笔者统计于2023年8月21日。

（二）使用中文新媒体的传播行为

问卷中，"中文新媒体使用情况"和"中文新媒体传播汉语的行为情况"版块下的题目设置旨在从传播者的角度收集中文新媒体在汉语国际传播中的行为情况，包含传播频率、传播平台、传播场景、传播方式、传播内容。对应的题目涉及研究受访者使用中文新媒体的频率、终端设备选择、使用新媒体的形式及内容等。

1. 中文新媒体的传播频率

首先为受访者每天使用中文新媒体的时长，可以发现大多数受访者的日均使用时长在1~2小时，使用中文新媒体时间小于1小时的得分最低，表明多数受访者会将使用中文新媒体作为自己日常的一项活动，但可能受限于工作时间安排、语言方面原因并未有大把时间投入其中，并不像中国环境使用新媒体平台的时间远大于 3 小时。使用频率的统计有助于我们大致了解受访者对新媒体平台的认知情况，利于研究整体的推进以及对策的提出（见表 2 - 17）。

表 2 - 17　　　　　　　　使用中文新媒体的时间

项目	均值
每天使用中文新媒体 1 小时以内	3.09
每天使用中文新媒体 1 ~ 2 小时	4.21
每天使用中文新媒体 2 ~ 3 小时	4.07
每天使用中文新媒体 3 小时以上	3.58

资料来源：笔者统计于 2023 年 8 月 21 日。

其次为受访者发朋友圈、抖音或微博的频率统计，根据前文的结论，本次调查多数受访者职业为老师，且年龄分布较高，所以较低频率的发朋友圈抖音微博得分最高，而每天都发朋友圈的均值只有 2.86，表明至少在社交媒体平台上受访者分享自己生活的积极性相对较低，他们更多的只是将其作为日常沟通交流的软件进行使用（见表 2 - 18）。

表 2 - 18　　　　　　发朋友圈、抖音或微博传播汉语的频率

项目	均值
我每天都发朋友圈、抖音或微博等	2.86
我两三天发一次朋友圈、抖音或微博等	3.41
我一周天发一次朋友圈、抖音或微博等	3.45
我一个月发一次朋友圈、抖音或微博等	4.10
我几乎不发发一次朋友圈、抖音或微博等	3.95

资料来源：笔者统计于 2023 年 8 月 21 日。

2. 中文新媒体的传播设备与平台

首先，为获取中文新媒体的设备的统计，在移动互联技术日益强大的今天，使用手机移动设备毫无疑问是得分均值最高的选项，而数字杂志作为受众群体较小的新媒体媒介，得分较低为 3.95，手机以及相应配套的 App 生态作为数字便捷性的反应方式之一，表明更多的汉语传播者愿意通过相对方便快捷的方式来进一步接触中文、接触中文新媒体（见表 2 - 19）。

表 2 - 19　　　　　　　　　　获取中文新媒体的设备

项目	均值
我倾向于使用电脑获取中文新媒体	4. 15
我倾向于使用手机获取中文新媒体	4. 38
我倾向于使用数字杂志获取中文新媒体	3. 95

资料来源：笔者统计于 2023 年 8 月 21 日。

其次，为使用中文新媒体的类型统计。最受汉语传播者欢迎的新媒体类型为网络视频类，得分为 4. 29，视频类新媒体作为更加直观也更具有趣味性的媒体方式，自然获得较多的追捧，因此相应的通过视频渠道传播中文及中华文化更加广泛。中文类论坛和新闻类 App 得分相近，这两类渠道相较于视频媒体要求传播者具有更高的汉语水平，需要熟练阅读、理解汉语中的字词句，且通常为段落较长的文字，其趣味性远不如视频类新媒体，但仍得到了部分受访者的青睐。即时通信类以及新媒体聊天软件得分相对较低，这两类涉及与本土汉语使用者（传播者和受传者）的交流，其难度相对来讲最大，要求传播者熟练掌握汉语可以在较短时间内理解对方的话语并构思回复，因此在受访者群体中的使用上来看远不如前几项（见表 2 - 20）。

表 2 - 20   **使用中文新媒体的平台**

项目	均值
我经常使用即时通讯工具（如微信、QQ 等）	3.84
我经常参加网络舆论活动（如微博、论坛等）	4.02
我经常使用网络视频媒体（如抖音、快手等）	4.29
我经常使用中文新媒体浏览新闻 App、网站等	4.04
我经常使用汉语与中国人在中文新媒体软件上聊天	3.90

资料来源：笔者统计于 2023 年 8 月 21 日。

3. 中文新媒体的传播场景

根据调查结果，对于汉语传播者来说，中文新媒体使用场景中最热门场景分别是教学学习提升、信息生产获取与知识付费和通勤活动场景，分值分别为 4.82 分、4.51 分和 4.14 分，这和被调查者的职业背景有着较大的关联，表明他们在教学学习、信息处理以及通勤场景中会更频繁地使用中文新媒体，并基于此开展汉语传播，提升汉语的全球影响力；另外，被调查者在休闲娱乐、演艺赛事和社交互动中也具有一定程度的新媒体汉语传播频次和热情，分值分别为 4.01 分、4.04 分和 3.93 分，展示了被调查者在休闲娱乐、赛事演出、社交互动场景中对于新媒体汉语国际传播的重要作用（见表 2 - 21）。

表 2 - 21   **使用中文新媒体传播汉语的传播场景**

项目	均值
教学学习提升场景	4.82
信息生产获取与知识付费场景	4.51
社交互动场景	3.93
娱乐休闲场景	4.01
职业关联场景	3.88
公益活动场景	3.72
通勤活动场景	4.14
演艺赛事场景	4.04

资料来源：笔者统计于 2023 年 8 月 21 日。

4. 中文新媒体的传播形式

在对"使用中文新媒体的偏好"的数据统计中可看出,最受传播者欢迎的新媒体形式仍然是以视频类接受中文新媒体内容,得分均值为4.38 分,图片、音频形式这类相对比较有趣的形式得分较高分别为4.25 分和4.21 分,而文字形式以及聊天平台讨论方式由于其枯燥乏味的特点,偏好这两类形式的受访者较少,得分均在 4 分左右。因此,和对汉语受传者问卷数据结果相同,视频类新媒体仍然是最吸引受访者的形式(见表 2 – 22)。

表 2 – 22　　　　　　　使用中文新媒体传播汉语的形式

项目	均值
我更希望以文字的形式接收中文新媒体信息	3.93
我更希望以视频的形式接收中文新媒体信息	4.38
我更希望以音频的形式接收中文新媒体信息	4.21
我更希望以图片的形式接收中文新媒体信息	4.25
比起面对面或电话沟通,我更倾向于用聊天的方式或平台讨论区进行交流	4.08

资料来源:笔者统计于 2023 年 8 月 21 日。

5. 中文新媒体的传播内容

通过图 2 – 5 我们发现,文化观念类内容是最受受访者关注的内容,比例为 79.5%,表明在汉语传播者很乐意通过自己喜爱的方式去传播中华文化,让更多的受传者了解中华传统文化;娱乐信息类内容为第二多受访者关注的内容的,相比于时事热点类和汉语专业知识等较硬核的内容,汉语传播者使用更便于受传者接受的方式,显然更倾向于观看轻松诙谐的内容,通过寓教于乐的方式在较低的压力下同步学习汉语;美食与社会生活类信息相对低于文化观念和娱乐类信息的占比,汉语传播者在国际语言环境下,潜移默化之下会浏览观看社会生活类的新媒体内容,并从中寻找社会认同感,学习约定俗成的某些社会不成文规定。

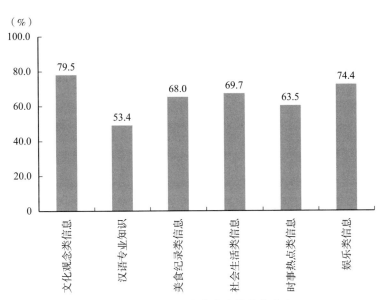

图 2 - 5　在中文新媒体发布的信息内容

资料来源：笔者统计于 2023 年 8 月 21 日。

（三）使用中文新媒体的传播效果

1. 中文新媒体汉语传播效果

根据调查结果，被调查者在中文新媒体上分享的汉语学习知识、生活相关知识、中华传统文化等内容能够引起较大的关注与互动，分值分别为 4.67 分、4.39 分和 4.26 分，表明被调查者的受众更偏好汉语相关、中华文化相关的内容知识；另外，新闻资讯和文体娱乐内容吸引力相对较低，体现了受众获取信息的多元化和精准化以及信息发布者的定位精准性（见表 2 - 23）。

表 2 - 23　　　　　　　　　中文新媒体汉语传播效果

项目	均值
我在中文新媒体上发布的汉语学习相关知识经常引起汉语受传者的互动	4.67
我在中文新媒体上发布的文体娱乐内容经常引起汉语受传者的互动	3.98

项目	均值
我在中文新媒体上发布的新闻资讯经常引起汉语受传者的互动	3.77
我在中文新媒体上发布的生活分享相关知识经常引起汉语受传者的互动	4.39
我在中文新媒体上发布的中华传统文化（如茶文化、酒文化等）经常引起汉语受传者的互动	4.26

资料来源：笔者统计于 2023 年 8 月 21 日。

2. 中文新媒体对汉语传播的作用

在中文新媒体对汉语学习的作用上，各个选项的分布相对均匀，除通过文本信息与受传者交流汉语知识外，其余选项不存在明显的差异，比例均分布在 70% 上下。在听、说、读、写四个维度中，听力的作用相对其余三项所占比例较高，考虑原因可能为受访者更喜欢影音类中文新媒体方式，在反复的聆听过程中受访者的听力水平得到了锻炼，其余维度的能力也随着对汉语认知的加深也得到了一定强化（见图 2 - 6）。

3. 中文新媒体汉语传播优缺点

首先统计受访者认为中文新媒体学习汉语的优点，其中中文新媒体方便交流、信息的搜索便利性和新媒体环境下汉语传播范围广、效率高上得分较高，超过了 4 分，表明受访者对新媒体汉语传播的优势主要还是集中在新媒体平台上，由于其便利性，允许受访者不受时间空间限制去发布分享自己感兴趣的内容，跳脱出课堂，使用喜欢的方式去额外传播。而互动性、提高受传者的积极性、可以循环播放浏览益于受传者学习相对来说得分较低，结合前面研究，多数受访者使用中文新媒体平台是出于生活目的，因此如果汉语传播者将十分严肃的学习内容发布于自己的社交平台，可能并不会引起汉语受传者的关注。但不可否认仍有部分希望通过系统的新媒体平台传播汉语的受访者会将其方便查阅资料，可以归纳加工融入自己的观点，这些特点视作新媒体汉语传播的优势所在（见表 2 - 24）。

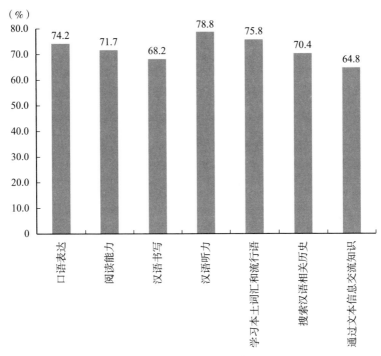

图 2 - 6　中文新媒体对汉语传播的作用

资料来源：笔者统计于 2023 年 8 月 21 日。

表 2 - 24　　　　　　　　使用中文新媒体汉语传播的优点

项目	均值
中文新媒体更方便交流沟通	4.02
面对中文新媒体资源海量信息，通常会在搜索方面比较节省时间	4.21
新媒体环境下汉语传播范围广，效率高	4.13
中文新媒体与汉语言受传者沟通氛围很好，互动性强	3.81
新媒体有利于更好的互动，提高汉语受传者的积极性	3.94
方便汉语受传者学习，可以循环播放、浏览信息	3.57

资料来源：笔者统计于 2023 年 8 月 21 日。

其次，受访者认为新媒体学习中的缺陷所在，其中汉语受传者对文化辨识能力不强，容易产生错解或误解、担心内容是否规范以及方言语速快、发音等难以理解等内容被认为是较大的缺点，汉语表达不够规范得分达到了 4.27 为较高水平。我们可以看出受访者最担心的方面是认为新媒体平台上的汉语学习内容良莠不齐，叠加中国地大物博存在八大语系，新媒体平台上可能会有明显方言口音和白话的简略内容，会导致受访者对内容的可靠性产生质疑。而中文新媒体沟通交流不方便、搜索花费时间和回归工作产生干扰加大工作量则被认为不是主要缺点，因此在针对汉语传播者使用的新媒体平台内容上，由于使用中文新媒体平台的汉语传播者本身就对汉语有所了解，因此平台更加需要格外关注平台中汉语的规范化和标准化，避免出现过于简略口语化的表述（见表 2 – 25）。

表 2 – 25　　　　　　　　使用中文新媒体汉语传播的缺点

项目	均值
中文新媒体沟通交流不方便	3.86
中文新媒体海量信息，不容易集中注意力，会浪费时间	3.54
使用中文新媒体会对我的工作产生干扰，会加大工作量	3.95
汉语受传者对文化辨识能力不强，容易产生错解或误解	4.12
网上很多汉语表达不够规范	4.27

资料来源：笔者统计于 2023 年 8 月 21 日。

（四）使用中文新媒体汉语传播的问题及改进建议

本书还关注了被调查者对中文新媒体在汉语传播中面临的问题，并对此做了调查与数据统计分析，结果如表 2 – 26 所示。其中，中文新媒体内容层面使用不规范的问题占比达 76%，反映了被调查对象对当前中文新媒体中内容使用不规范的不满，期待网络规范发言用语的持续提升。汉语传播教师专业素养不足的问题占比达 63%，反映了当下汉语传播者技能差异化、部分传播者专业水准不足的问题，是汉语国际传播中非常重要的要素之一。新媒体平台本身的操作便利度、新媒体基本知识等问题也给用户带来了一定的挑战和困扰，应引起重视。还有一些诸如诈骗、数据安全、隐私保护等其他问题存在。

表 2 – 26 中文新媒体汉语传播面临问题

项目	占比（%）
中文新媒体的操作、指令等较为复杂	43
中文新媒体相关知识内容不够系统	52
中文新媒体上很多内容使用不够规范	76
汉语传播教师需要提高专业素养	63
其他	9

资料来源：笔者统计于 2023 年 8 月 21 日。

本书还关注了被调查者对于中文新媒体汉语传播功能的改进建议，并对此做了调查与数据统计分析。根据表 2 – 27，超过八成的被调查者希望中文社交媒体中未来可以应用一些先进的人工智能技术以帮助用户提升使用效率和便捷度；另外，超过七成的被调查者认为对于中文社交媒体而言，管控内容规范性非常必要，维持良好的新媒体生态环境尤为重要；此外，超过五成的被调查者期待汉语传播者能够主动承担社会责任，持续提高自身基本修养和专业素养，为汉语国际化传播贡献自身的力量。

表 2 – 27 中文新媒体汉语传播建议

项目	占比（%）
中文新媒体引进人工智能技术	85
中文新媒体加强内容规范性管控	72
中文新媒体的传播者提高职业素养	56
其他	9

资料来源：笔者统计于 2023 年 8 月 21 日。

第四节　汉语传播者使用中文新媒体情况的访谈

出于研究便利性、可信性和成本控制的考虑，本书同时访谈了4位汉语国际传播者（教师群体及对外汉语传播相关的群体），能够较好地与问卷调查互为补充，全面地对研究问题进行分析与梳理①。

一、访谈内容

汉语国际传播者（教师群体）访谈的目的在于从一线汉语传播者了解中文新媒体传播汉语的应用情况。从汉语传播者层面分析利用新媒体软件传播汉语的可行性及所存在的问题。针对汉语传播者的反馈进行总结，找出汉语传播者在使用新媒体传播汉语时所遇到的缺陷。访谈主要涉及以下内容：了解被访者使用中文新媒体的基本情况、了解被访者使用中文新媒体的目的和偏好、了解被访者使用中文新媒体传播汉语的情况、了解被访者使用中文新媒体时所遇到的问题与建议。

二、访谈结果分析

汉语传播者使用中文新媒体开展汉语国际传播行为的调查结果按照访谈提纲顺序，依次归纳总结与分析如下。

（一）被访者使用中文新媒体的基本情况

汉语传播者甲表示，在新冠肺炎疫情前，他使用新媒体基本上是以

---

① Gupta S, Gupta B, Singh S. Estimation of sensitivity level of personal interview survey questions [J]. Journal of Statistical Planning and inference, 2002, 100 (2): 239 – 247.

社交为主，如微信、QQ 和抖音，与学生交流用微信和 QQ 为主，有时候会通过新媒体软件查阅一些资料。受新冠肺炎疫情的影响，很多课程迫不得已改为线上，他开始接触一些教学类的新媒体软件，用的比较多的是钉钉和腾讯会议，一开始使用的时候还不太习惯线上上课，操作也不熟练，经过两年的新冠肺炎疫情，现在感觉线上的教学类软件非常方便，功能非常全。

汉语传播者乙表示，他使用新媒体软件比较频繁，社交类的有微信、微博和 QQ。他常常也会通过抖音发一些关于生活类的视频，有3000 多的粉丝，大多数的粉丝是身边的家人、朋友和学生；新冠肺炎疫情期间，学校改为了线上上课，他经常使用腾讯会议和智慧树平台给学生们上课。

汉语传播者丙表示，他平常用的最多的新媒体软件有微信、哔哩哔哩、抖音、全知识和 Chinese skill，几乎每天都会发抖音，有时候还会在抖音上开直播，直播的内容以介绍本地的习俗和中国传统文化为主，抖音账号吸引了很多粉丝，有很多是在华留学生或对中国文化感兴趣的外国人。新冠肺炎疫情期间他选用了钉钉或腾讯会议给学生上课，非常的方便。

汉语传播者丁表示，新媒体已经成为他生活、工作的好助手，他常使用的新媒体软件有微信、哔哩哔哩、小红书、抖音和一些学习类的软件，像古诗词典等。他使用新媒体软件主要为了社交、学习和工作，新媒体平台给他的工作和生活带来了很大的便利，常常会在抖音上分享自己的生活视频，也把微信和抖音这两款软件推荐给了他的学生使用。

根据访谈结果，被访者使用新媒体传播汉语较为频繁，平台呈现多样化趋势，传播内容以汉语教学、生活记录、社交等为主，取得了较好的传播效果。

（二）被访者使用中文新媒体的传播动机主要是教育驱动和文化驱动

汉语传播者甲指出，在新冠肺炎疫情前，他使用新媒体基本上是以社交为主，如微信、QQ、小红书和抖音，与学生交流用微信和 QQ 为主，有时候会通过新媒体软件查阅一些资料，受新冠肺炎疫情的影响，很多课程迫不得已改为线上，开始接触一些教学类的新媒体软件，用的比较多的是钉钉和腾讯会议，一开始使用的时候还不太习惯线上上课，操作也不熟练，经过两年的新冠肺炎疫情，现在感觉线上的教学类软件非常方便，功能非常全。

汉语传播者乙和汉语传播者丁表示，新冠肺炎疫情期间，学校改为了线上上课，经常使用腾讯会议和智慧树平台给学生们上课。

汉语传播者丙表示，使用新媒体软件主要为了社交、学习和工作，虽然新冠肺炎疫情结束了，学校恢复了线下上课，由于现在在攻读博士，依旧在使用腾讯课堂给学校的学生上课，功能非常的强大。

根据访谈结果，新媒体汉语国际传播动机主要是教育驱动和文化驱动，受访者在更多场景下使用新媒体来开展教育文化相关内容的传播，取得了良好的传播效果。

（三）被访者使用中文新媒体开展汉语传播的情况

1. 传播平台集中度较高，主要集中在腾讯会议、MOOC、超星、钉钉等头部平台

汉语传播者甲指出，使用新媒体平台开展汉语的传播工作相当便利，可以克服时空上的障碍。与学生上课或者组会时，有时会用腾讯会议或者钉钉。自己录制的短视频，多选用抖音和小红书来发布，这样其他对汉语感兴趣的粉丝也可以接收到自己制作的宣传内容。

汉语传播者乙指出，自己使用新媒体软件比较频繁，社交类的有微信、微博和 QQ，有时候会看 Facebook 和 Instagram，与留学时的外国朋友保持联络；自己常常也会通过抖音发一些关于生活类的视频，有 3000 多的粉丝，大多数的粉丝是身边的家人、朋友和学生。他认为学生可以利用慕课、Chinese skill、JUZI 汉语来查阅很多汉语资料，也可以通过一些视频类的新媒体来帮助留学生了解适应在中国的学习和生活。

汉语传播者丙指出，自己用的较多的新媒体是微信、抖音以及一些教学类的新媒体软件。

汉语传播者丁指出，自己使用的新媒体软件有微信、抖音、小红书、脸书、Instagram、WhatsApp、Hello HSK、古诗词典等，新媒体软件非常的方便。

汉语传播者戊指出，新媒体已经成为自己生活、工作的好助手，常使用的新媒体软件有微信、哔哩哔哩、小红书、抖音和一些学习类的软件。

由此可知，大多数汉语传播者会选择借助新媒体来传播汉语。汉语传播者会运用腾讯会议、MOOC、超星、钉钉、微信、抖音、哔哩哔哩等头部平台传播汉语学习的相关知识和中国文化，并与学生们很好的互动沟通，这增加了汉语传播者传播汉语的途径。

2. 传播内容主要以汉语学习、文化传播为主

汉语传播者甲指出，使用新媒体传播汉语是必不可少的。随着新媒体的发展，他在不断地拓宽自己传播汉语工作的途径，越来越频繁地使用新媒体软件和他的学生互动，常常录制一些有关汉语传播内容的微课堂上传到学习网站上，也经常会发一些传统文化的短视频在自己的社交账号上，还通过社交账号宣传学校组织的传统文化活动，介绍传统文化习俗，吸引了很多在华留学生，通过新媒体传播汉语，不仅可以提高汉语受传者的汉语水平，并且可以推动中国文化的传播。

汉语传播者乙表示，自己使用新媒体传播汉语比较多一些，经常会在抖音上发送一些有关中国文化、美食类和旅行类的视频，有时候也会发布在国外的社交软件上，每一个视频都会认真剪辑，加上字幕，希望视频可以影响到更多人，可以让更多人了解中国。另外还通过新媒体认识了很多外国朋友，经常讨论有关中国的一些语言学习和文化习俗的内容，也会给他们推荐慕课上面比较不错的课程帮助他们学习。下一步，还打算在抖音上开直播，教汉字的基础书写，并讲授中国的传统文化。

汉语传播者丙表示，自己几乎每天都会发抖音，有时候还会在抖音上开直播，直播的内容以介绍本地的习俗和中国传统文化为主，抖音账号吸引了很多粉丝，有很多是在华留学生或对中国文化感兴趣的外国人，新冠肺炎疫情期间选用了钉钉给学生上课，非常的方便。

汉语传播者丁指出，自己会选择使用微博来发表相关汉语传播的内容，也会通过转发对一些内容进行评论。随着抖音的不断推广，选择使用抖音传播汉语更多一些，喜欢随手拍一些感兴趣的内容，也经常会录制一些有趣的小视频，通过剪辑一些片段分享在账号上。抖音视频时间较短，大家可以利用碎片化的时间，娱乐的同时，来接触到情景化的内容，很多学生会在留言板交流，也会努力分享更多的内容给有需要的人。

根据访谈结果，研究者发现受访者新媒体汉语传播内容主要集中在汉语学习、社交、文化和娱乐等几个层面。

3. 传播场景主要集中在汉语教学、社交娱乐等场景

汉语传播者甲和丙表示，他们使用新媒体开展汉语传播时，传播场景主要是教学、社交、休闲娱乐层面，工作和生活日益融为一体的趋势特征较为明显。有时遇上中国重大的传统节日，也会录制一些解说视频，配上生动的图片或动画，来达到吸引更多受众观看的目的。偶尔会直播，和汉语受传者进行互动，比如，连麦、文字对话。

汉语传播者丁表示，他平常与朋友聊天、娱乐还有备课都会较多的借助于新媒体，给工作和生活带来了很大的便利，常常会在抖音上分享自己的生活视频，也会在其他平台如微博等与他人互动。他也把微信和抖音这两款软件推荐给了学生使用，算是一种寓教于乐，潜移默化地培养学生汉语语感。

根据访谈结果，汉语传播者基于新媒体的传播内容主要以汉语学习、文化传播为主，这与他们自身的职业、背景有着较高的关联度。

4. 传播方式以视频、直播为主

汉语传播者甲认为，通过微信群和朋友圈给学生和同仁分享内容很方便、且容易储存，并且现在有时候会发一些有关于汉语文化的抖音内容，表达一些自己的观点；也会在课堂上与学生分享一些新媒体上的优质资源，使课堂教学内容更加丰富。

汉语传播者己表示，抖音上面的内容非常的丰富，自己会把上面的一些内容分享给自己的学生和朋友，经常会在抖音上发一些视频，也会进行抖音直播，除了正常上课时间，自己也经常会用微信或腾讯会议的形式与学生们展开讨论，非常的方便。

汉语传播者丙经常使用微信和钉钉与学生沟通，在有关课程方面，经常通过钉钉群给学生发送作业，学生可以通过钉钉提交作业，尤其是一些口语作业，通过钉钉非常的方便，可以及时地给学生反馈作业情况，学生微信群里面会经常分享给他们一些学习资料，在群里与学生进行互动；另外经常在抖音上制作、分享一些汉语学习、传统文化、了解中国的视频。在直播间里，经常与粉丝进行互动，小红书上也经常分享一些日常，希望能帮助到更多的汉语受传者。

汉语传播者丁指出，课堂时间是有限的，因此经常通过微信和学生开展一对一的交流，例如，学生的朗读和造句，学生以语音的形式发给自己，可以及时地给学生反馈和指导，尤其是在语音和语调方面，并且学生在学习时遇到困难也可以随时交流，进行答疑。另外，汉语传播者丁表示微信的群功能可以方便地发送很多文件、视频给学生，有时候会根据课文学习内容提出相关问题，学生也可以在群聊中通过文字和语音或会议的形式进行讨论；朋友圈功能也是传播汉语文化的重要途径，会通过分享一些高质量资源、中国歌曲、社会热点、视频等作为他线下课堂的辅助；抖音和哔哩哔哩作为现在年轻人和留学生常使用的视频软件，经常给他们推荐一些优质资源帮助他们参考学习，这丰富了教学资源和途径。

根据访谈结果，汉语传播者基于新媒体的传播方式主要以视频和直播为主，这与当下新媒体流行传播方式、技术发展趋势高度契合，体现了技术赋能于新媒体的实际应用。

5. 传播频率具有定期、周期稳定的特征

汉语传播者甲表示，深入的接触新媒体是自新冠肺炎疫情开始，了解了更多的汉语传播途径，现在使用新媒体传播汉语的频率也比以前高了。

汉语传播者乙表示，自己使用新媒体传播内容基本上有着自身的节奏与规律，与工作与生活的节奏高度一致，自己一般每周会发布 3~4 次传播内容。

汉语传播者丙和汉语传播者丁指出，自己发布传播内容频率较高，一般能做到每日发布新内容，这样可以较好地保持活跃度，吸引更多的受众与粉丝。

根据访谈结果，汉语传播者基于新媒体的传播具有定期、周期稳定的特征，体现了传播频率的稳定性与规律性。

6. 新媒体汉语国际传播具有革命性的效果

汉语传播者甲表示，新媒体对于教学带来了很大的帮助，如果没有新媒体软件，新冠肺炎疫情期间的课程可能要处于停滞状态，在后疫情时代，汉语传播依旧可以依靠新媒体，让更多的外国人了解汉语，了解中国文化，也会继续掌握一些新媒体使用的窍门，来辅助日常教学。

汉语传播者乙表示非常认可使用新媒体来传播汉语文化，可以很方便地作为课堂以外的拓展，这些视频类的新媒体上也有很多关于学习汉语、文化传播类的视频，这对学生的学习和生活来说是非常有帮助的。同时，他指出，新媒体给传播汉语带来了非常大的便利，以前传播汉语是依靠线下课堂和纸质书籍，传播方式非常的有限，这也限制了汉语传播的发展，给很多想学汉语但不能来到中国的汉语受传者带来了很多阻碍。新媒体的发展让每个人都变成了传播者和受传者，作为汉语传播者，要重视新媒体与汉语传播相结合带来的重要作用，但是也要合理地检视利用新媒体来开展汉语传播所带来的一些问题。

汉语传播者丙指出，新媒体的快速发展不断地改变着人们的思维习惯、交流途径和生活习惯，当前文化传播的途径越来越多，通过新媒体来开展传播汉语是非常有必要的，将汉语传播与新媒体相结合，能更好地适应新时代的发展需求，有利于将汉语文化全球化，无论是线下教学还是与学生沟通交流，新媒体都是必不可少的好帮手，也是现在日常生活、学习和工作必备的工具。汉语传播者丙关注了一些有关文化传播类的抖音和哔哩哔哩博主，认为用新媒体传播汉语是非常有必要的。除了日常教学以外，也经常会选择微信、抖音和哔哩哔哩来宣传汉语文化，在上课的时候，他自己有时候也会选择这些新媒体上面的一些内容作为辅助材料帮助学生理解，这让课堂变得多样起来，更加带动学生学习汉语的积极性。

汉语传播者丁认为合理借助新媒体传播汉语可以吸引更多的人来学习汉语、了解中国，在早些年学习语言的时候碰到陌生的词汇需要查阅词典，而现在有很多词典 App 可以帮助随时查询，并且会有更多的关联内容供参考学习，并且现在比较流行的抖音、微博、哔哩哔哩等新媒体上面有很多关于文化传播的视频，这对中国语言和文化走向世界带来无限机会和发展空间，作为汉语传播者，应努力尝试用这些新媒体让更多的人学习汉语文化。

新媒体为汉语传播提供来诸多便利和优势。自 2020 年新冠肺炎疫情以来，汉语传播者通过新媒体传播汉语的形式更多，如线上课程、直播、社交软件等。新媒体方便分享和保存，尤其是在口语学习和文化传播方面，新媒体上的很多功能非常方便，教师可以及时地与汉语受传者通过新媒体开展实时讨论学习，并且也可以通过新媒体布置相关的练习活动，学生可以通过新媒体提交作业。

（四）被访者在使用中文新媒体开展汉语传播时遇到的问题与建议

1. 传播便捷性不足，不利于优质内容的传播

对于很多年龄大的汉语传播者来说，新媒体操作不够熟练，还需要时间掌握更多的新媒体操作技能，如何帮助汉语传播者掌握更多的新媒体操作技能是需要考虑的。

如汉语传播者甲指出，对于自己这个年龄段的人来说，虽然新媒体很多功能非常的强大和便利，但是学习如何操作新媒体还是有一些难度的，能够熟练地操作可能需要一段时间，有时候遇到操作问题会请教身

边的年轻教师和学生，由于操作不熟练，自己在新媒体上通常会耗费比较多的时间。

2. 传播内容良莠不齐，网络用语与标准用语鸿沟

汉语传播者甲表示，现在身边很多留学生都在使用抖音，在使用抖音的时候，发现上面有很多视频内容存在歧义，并不有利于留学生掌握汉语，新媒体的内容是海量的，如何引导留学生选择有价值的新媒体内容是值得我们考虑的一个问题。

汉语传播者乙指出，现在很多留学生过度依赖新媒体，书写能力普遍较为一般，在写作时，经常会用到一些网络用语，存在严重的不规范写作，自己也经常和留学生探讨这一个问题，很难避免。在发一些视频的时候，自己会格外注意语言的规范性，因此认为有必要出台权威性的政策，来保障汉语应用的规范化使用，杜绝汉语应用的错误行为，强化传播者的汉语表达习惯。

汉语传播者丁认为新媒体对于汉语传播是把"双刃剑"，新媒体的发展给汉语传播带来了非常大的便利，但是很多起源于游戏的网络用语在新媒体上快速传播，这些网络用语很多是不健康的、负面的语意，有的汉语受传者会跟自己沟通其解释和用法；另外网络语言暴力也经常发生，一些网友的疯狂转发和偏激评论会使很多人难以辨别是非，对新媒体环境带来了一定的影响，尤其是对青少年和外国人学习汉语来说，是非常不利的。

由此可知，汉语传播者对通过新媒体传播汉语持积极态度，但普遍认为新媒体传播内容需要严加审核与把关。汉语传播者会选择"线下课堂＋新媒体"形式来拓宽汉语传播渠道，新媒体的智能化、现代化和普及化势不可挡，新媒体资源丰富、传播速度快，每个人都可以是传播者与受传者，很多传播内容存在表达方式不规范、偏激引流的现象，汉语受传者会产生一些误解，这不利于汉语学习和汉语传播。

3. 传播平台无法高效检索信息

汉语传播者丙指出，自己每天都会在新媒体上花费较多的时间，感觉使用新媒体传播汉语最大的问题是每次想在新媒体上找一些资料时，需要耗费很长的时间和精力，关键词搜索会出现海量的信息，但是想筛选出高质量的内容还是需要下功夫的，里面有很多汉语文化传播的知识讲授并不严谨，一些有关史实的语料也不真实；建议对抖音和哔哩哔哩所发布的信息严加审核，并且可以推出更多的官方媒体账号，增加汉语传播相关内容，内容模块更加清晰，方便查询和整理。

汉语传播者丁指出，自己在使用新媒体的时候，虽然可以检索到需要的内容，但是会出现很多无效资源，参考性不大，另外在通过新媒体上网课的时候，并不能像传统课堂一样，了解学生是否真的理解知识点，虽然经常用微信与学生沟通，但是面对面交流的时间太少了。他认为新媒体可以给汉语传播者和汉语受传者起到辅助性的功能，但是我们仍然要重视传统课堂，合理发挥新媒体的作用。

4. 传播内容同质化，种类不足

汉语传播者乙指出，目前使用新媒体传播汉语大多是在口语传播的文化传播，但是对于汉语受传者的汉字书写方面帮助较少，认为可以在社交软件上增加一些语音、汉字、词汇等综合性的练习题，也可以以趣味游戏的形式来设计，帮助汉语受传者学习汉语；另外相关中国传统节日，有必要增加一些传统文化体验活动，通过新媒体来宣传，线上线下相结合，更好地将中国传统文化进行传播和传承。

5. 使用新媒体平台开展汉语国际传播的效率有待加强

（1）推送对象设置不明确。汉语传播者乙和汉语传播者丙都指出，就推送对象而言，大部分对外汉语教学微信订阅号的针对人群设置不是非常明确，这也表明其运营的目标对象较为广泛，推送内容设置也较为宽泛。

（2）应用于汉语教学或传播的实践性不足。汉语传播者甲指出，虽然说网络能让世界各地不同国家的人联系在一起交流，在网络媒介的影响下产生的汉语网站和一些汉语网络软件却并没有体现出网络的交互性，网络媒介运用的过程中缺少有效的交互服务功能在一定程度上阻碍了用户的交流互动，但是汉语国际传播是需要反复的交流互动才能更好地发展。

汉语传播者丙认为，区别于传统对外汉语教学课堂，在网络对外汉语教学中，教师很难关注到学生对学习内容的反馈。

汉语传播者丁认为，网络减少了当面的交流与沟通，作为教授汉语的传播者却看不到学生的听课状态、表情、动作、肢体语言等，故而无法判断出学生对新知识的接收程度。此外，新媒体平台中的对外汉语学习更依靠学生的自主性，在网络平台上，教师身份对学生的约束力减小，会导致一部分自律性不高的人学习效率降低。

（3）对中文新媒体平台的掌握度不够。四位汉语传播者在新媒体上发布汉语教学或中国文化资讯以及直播教学传播时，都有不同程度的对平台功能操作不熟悉的情况。虽然新媒体很多功能非常的强大和便利，但是学习如何操作新媒体还是有一些难度的，能够熟练地操作可能需要一段时间，有时候遇到操作问题会请教身边的年轻教师和学生，由于操作不熟练，他们在新媒体上通常会耗费比较多的时间。

总的来说，在对问卷调查结果和对汉语国际传播者的访谈内容中不难发现，一些传播者反映出对新媒体平台的掌握不够，难以有针对性地选择和使用。面对不断涌现的新媒体平台，如何根据学情有针对性地选择是传播者值得思考的一个问题。一些对外汉语教师对新媒体平台的了解不够，掌握不多，无法选择合适的平台辅助教学。

第五节　调 查 结 论

一、新媒体汉语国际传播动机强劲

（一）汉语受传者使用中文新媒体的动机具有多元化特征

基于本书的问卷调查及访谈调查，发现留学生学习汉语具有多元化的动机特征。根据调查结果，动机上得分最高的方面首先为提高汉语水平和深入研究中国传统文化；其次为社交需求以及留在中国更好地发展。可以看出相对于社会性（社交需求）的动机而言，内源性（自身能力提升）的动机占据更重要的地位，可以驱动汉语受传者自发性去搜寻、探索感兴趣的新媒体内容。

从社交驱动来看，学生在社交中有着巨大的汉语应用主客观需求，尤其在中华文化的大环境中，汉语关乎着其社交活动的质量高低，因此他们渴望通过新媒体学习中文，进而更好地参与到广泛的社交活动中去；从教育驱动来看，学生唯有更好地掌握中文语言体系，才能在中华汉语教学体系中更好地接受知识、转化知识、输出知识，进而持续提升自身的学习成绩与表现；从文化驱动来看，中华优秀文化多数都以汉语体系的语言载体呈现，如果想要持续深刻地了解、走进中华文化，深入学习汉语是必经之路；从商业驱动来看，部分学生为了能够在商业上有所成就，深入参与到中华商业环境中去，娴熟地运用汉语显得尤为重要，这是他们积极使用中文新媒体学习汉语的重要动机；从休闲驱动来看，多数学生通过新媒体学习汉语更多是在休闲娱乐场景下的潜移默化地被动学习，这种学习具有持久、印象深刻的特征，是重要的学习路径之一。

（二）汉语传播者使用中文新媒体的动机呈现集中化特征

基于本书的问卷调查及访谈调查，发现教育因子、社交因子和文化因子是汉语传播者驱动力中的主要因素，休闲因子和商业因子驱动力相对较弱，在其驱动力模型中不占主导地位。

从汉语教育者传播主体来看，近些年随着新兴科技的出现与成熟，传统汉语教育形式正在快速地全方位变革与迭代，众多汉语教育者也借助新媒体平台，通过视频、直播的形式分享、传播、教授汉语相关的知识，满足了汉语学习客群随时随地、碎片化学习的主客观需求。

另外，从更一般性的普通汉语国际传播者（本书将这部分群体界定为母语为汉语并且经常开展全球性汉语传播的人）来看，他们的一个个微小的汉语国际传播共同形成了一股强大的推动力，不断地推动汉语走向国际舞台。

二、新媒体汉语国际传播行为丰富

（一）受传者使用中文新媒体的行为特征

1. 学习频率高，学习时长合理适度

结合对于新媒体汉语国际传播的频次、时间以及使用目的等问题的问卷与访谈调查，对于留学生来说，多数留学生会将使用中文新媒体作为自己日常的一项活动，但可能受限于学业、语言方面原因并未把大把时间投入其中，并不像中国环境使用新媒体平台的时间远大于 3 小时，整体学习频率高，但学习时长控制合理适度。

2. 学习硬件与平台集中度高

根据问卷调查与访谈调查数据，留学生的汉语学习主要通过使用手机设备、电脑设备等硬件，学习集中在微信、微博、抖音、快手等头部平台，微信、抖音、快手、微博等新媒体平台为大众熟知，在华留学生会选择在中国比较火的汉语社交软件和学习软件来提高汉语水平。微信是当前在中国用的比较多的聊天工具，在华留学生通常会使用微信与老师、同学和朋友进行聊天，认识交更多的中国朋友。在华留学生也经常使用微信的朋友圈、视频号等功能来了解本地生活。抖音也是在华留学生日常使用的社交、娱乐新媒体之一，会通过里面很多博主发的视频来了解中国本土文化，学习更多的口语表达方式。

3. 学习场景多样灵活

根据问卷调查与访谈调查数据，留学生的汉语学习场景主要集中在通勤活动、休闲娱乐和学习提升三大场景，信息获取与知识付费、社交互动、公益活动和职业关联等场景紧随其后。被调查者在日常通勤中，有更高的频次去使用中文新媒体平台开展汉语的学习，使用呈现碎片化、移动化、即时化的显著特征。另外，被调查者在休闲娱乐场景中也具有较高的新媒体汉语学习频次和热情，体现了中华文化圈汉语运用的必要性与本土化趋势。

4. 学习内容主要以汉语学习、社交、文化和娱乐为主

根据问卷调查与访谈调查数据，留学生使用新媒体学习汉语的内容主要集中在汉语学习、社交、文化和娱乐层面。他们经常借助新媒体软件进行上课，如腾讯会议室、慕课、钉钉，并且在课后可以多次播放老师上课的内容，更有利于对上课内容的巩固。老师上课经常选择腾讯课堂，上面有签到、评论区答疑、上传文件等很多功能，也可以通过腾讯课堂来布置作业。老师也建立了微信的班级群，通过班级群分享一些汉语知识点或者学习视频，在班级群有非常多的互动，经常与同学们聊天讨论。留学生很乐意通过自己喜爱的方式去了解、学习中华文化，接受其熏陶；相比于时事热点类和汉语专业知识等较硬核的内容，留学生们显然更倾向于观看轻松诙谐的内容，通过寓教于乐的方式在较低的压力下同步学习汉语；在华留学生在中国语言环境中生活久了之后会逐渐融入社会，因此在潜移默化之下会浏览观看社会生活类的新媒体内容，并从中寻找社会认同感，学习约定俗成的某些社会不成文规定。

5. 学习方式以视频、图片、音频为主

根据问卷调查与访谈调查数据，汉语受传者使用中文新媒体学习汉语的方式主要以视频、图片、音频为主，而文字形式以及聊天平台讨论方式由于其枯燥乏味的特点，偏好这两类形式的受访者较少。

（二）汉语传播者使用中文新媒体的行为特征

1. 传播频率具有定期、周期稳定的特征

根据问卷调查与访谈调查数据，汉语传播者基于新媒体的传播具有定期、周期稳定的特征，体现了传播频率的稳定性与规律性。

2. 传播平台集中度较高，主要集中在腾讯会议、MOOC、超星、钉钉等头部平台

根据问卷调查与访谈调查数据，传播者主要通过新媒体来传播汉语，运用腾讯会议、MOOC、超星、钉钉、微信、抖音、哔哩哔哩等头部平台传播汉语学习的相关知识和中国文化，并与学生们很好地互动沟通，这增加了汉语传播者传播汉语的途径。

不同的传播平台具有不同特点，传播者根据自身所处的场景进行合理选择。最受汉语传播者欢迎的新媒体类型为网络视频类，视频类新媒体作为更加直观、更具有趣味性的媒体方式，自然获得较多的追捧，因此相应的通过视频渠道传播中文及中华文化更加广泛；中文类论坛和新闻类 App 这两类渠道相较于视频媒体要求传播者具有更高的汉语水平，需要熟练阅读、理解汉语中的字词句，其内容趣味性远不如视频类新媒体，但仍得到了部分受访者的青睐。

3. 传播场景主要集中在汉语教学、社交娱乐等场景

根据问卷调查与访谈调查数据，汉语传播者使用场景中最热门场景分别是教学学习提升、信息生产获取与知识付费和通勤活动场景，表明他们在教学学习、信息处理以及通勤场景中会更频繁地使用中文新媒体，并基于此开展汉语传播，提升汉语的全球影响力；另外，传播者在休闲娱乐、演艺赛事和社交互动中也具有一定程度的新媒体汉语传播频次和热情，展示了其在休闲娱乐、赛事演出、社交互动场景中对于新媒体汉语国际传播的重要作用。

4. 传播内容主要以汉语学习、文化传播为主

根据问卷调查与访谈调查数据，汉语传播者基于新媒体的传播内容主要以汉语学习、文化传播为主，这与他们自身的职业、背景有着较高的关联度。汉语传播者使用新媒体传播汉语是必不可少的，随着新媒体的发展，在不断地拓宽自己传播汉语工作的途径，越来越频繁地使用新媒体软件和学生互动，常常录制一些有关汉语传播内容的微课堂上传到学习网站上，也经常会发一些传统文化的短视频在自己的社交账号上，还通过社交账号宣传学校组织的传统文化活动，介绍传统文化习俗，吸引了很多在华留学生，通过新媒体传播汉语，不仅可以提高汉语受传者的汉语水平，并且可以推动中国文化的传播。

5. 传播方式以视频、直播为主

根据问卷调查与访谈调查数据，最受传播者欢迎的新媒体形式仍然是以视频类接受中文新媒体内容，图片、音频形式这类相对比较有趣的形式次之，而文字形式以及聊天平台讨论方式由于其枯燥乏味的特点，偏好这两类形式的受访者较少。汉语传播者基于新媒体的传播方式主要以视频和直播为主，这与当下新媒体流行传播方式、技术发展趋势高度契合，体现了技术赋能于新媒体的实际应用。通过微信群和朋友圈给学生和同仁分享内容很方便、且容易储存，并且他们现在有时候会发一些有关汉语文化的抖音，表达一些自己的观点；也会在课堂上与学生分享一些新媒体上的优质资源，使课堂教学内容更加丰富。

三、新媒体汉语国际传播效果参差不齐

（一）汉语受传者使用中文新媒体效果有利有弊

1. 中文新媒体可有效帮助汉语学习

结合问卷调查和访谈结果可知，中文新媒体为汉语受传者提供了一系列有利条件，极大地提升了学习效果和效率。

首先，新媒体打破了传统学习的时间和空间限制，使得汉语受传者可以在任何时间、任何地点接触和学习汉语，这种灵活性使学习变得更加便捷和个性化；其次，中文新媒体平台提供了丰富多样的学习材料和资源，如视频教程、音频课程、互动应用和在线词典等，满足不同学习者的需求并帮助学习者全面了解和掌握汉语；最后，新媒体提供了交流互动的平台，留学生可以与其他学习者或母语者交流学习经验和问题，增加学习的趣味性并加深对汉语及中国文化的理解。

与此同时，新媒体还允许汉语受传者根据自己的兴趣和学习进度定制个性化的学习计划，通过智能化的学习工具和应用接受量身定制的学习内容和练习，有效提升学习的针对性和效率。许多新媒体学习平台提供即时反馈和评估功能，使汉语受传者能够及时了解自己的学习进展和存在的问题，增加学习的动力和自信心。通过观看中国电影、电视剧、综艺节目等，汉语受传者能够在轻松愉悦的环境中深入了解中国的历史文化、社会风貌和日常生活，促进文化认同感的形成。

总之，中文新媒体不仅为汉语受传者提供了便捷的学习方式，还通过提供多样化的资源、强化互动交流的平台和支持个性化学习路径的工具，极大地提升了学习效果和效率，同时也为学习者带来了丰富的文化体验和认知。

2. 使用中文新媒体学习汉语面临的困境

结合调查问卷和访谈可知，新媒体在促进受传者学习汉语和了解中国文化方面发挥着重要作用，但同时面临一系列挑战。首先，新兴网络词汇的大量涌现和与传统汉语表达方式的差异，对汉语受传者的语言学习造成了影响，特别是在使用抖音、哔哩哔哩等平台时，不正确的理解和使用网络语言可能会影响他们书面表达的规范性。其次，新媒体汉语传播的便捷性和互动性有待提高，目前传播方式较为单一，缺乏实践操作和与教师的互动，限制了学习者对中国文化深入了解的机会。再次，传播场景的单一性和缺乏多样性不利于全面提升汉语受传者的语言能力，尤其是在生活应用等微场景的融入上存在不足。此外，新媒体学习中的书写困难和对操作指令的不理解也是汉语受传者面临的问题，这些因素影响了学习效率和效果。最后，新媒体平台缺乏对用户使用时间和频次的合理提醒与约束，导致留学生容易沉迷虚拟网络，影响了他们的时间管理。

（二）汉语传播者使用中文新媒体的效果具有两面性

1. 中文新媒体可有效帮助汉语传播

根据问卷调查与访谈调查数据，中文新媒体对汉语传播的有利性表现在多个方面，极大地丰富和便利了汉语的学习与传播方式。

首先，新媒体提供了多样化的学习资源，如视频、音频、文章等，满足不同学习者的需求。特别是在听力训练方面，新媒体通过丰富的影音资料，使汉语受传者能在真实语境中练习听力，提高语言理解能力。其次，新媒体的互动性强，汉语受传者可以通过评论、分享、参与讨论等方式，与教师和其他学习者进行实时互动，增加学习的趣味性和参与感。

此外，新媒体的便携性和随时可访问的特点，让汉语受传者能够随时随地学习汉语，大大提高了学习效率。自 2020 年新冠肺炎疫情以来，线上教学成为主流，新媒体在汉语教育中的作用变得更加突出。教师可以利用直播、视频会议等方式开展在线教学，不受地理位置的限制，扩大了汉语传播的范围。同时，新媒体平台上的多媒体教学资源可以更直观、生动地展示汉语知识和中国文化，有助于提高汉语受传者的兴趣和文化认同感。新媒体还支持教师布置和收集作业、进行在线测试和反馈，使教学管理更加高效。

新媒体不仅促进了汉语听、说、读、写各项技能的均衡发展，还为汉语文化的传播提供了新渠道。通过新媒体，汉语受传者可以接触到更广泛的中国传统文化和现代社会生活的方方面面，从而更全面地了解中国。此外，新媒体还能够促进跨文化交流，汉语受传者可以通过社交平台与世界各地的汉语学习者交流心得，共享学习资源，形成了一个互助学习的国际社区。

总之，中文新媒体不仅为汉语教学和学习提供了便利的工具和平台，还极大地拓展了汉语国际传播的途径和范围，增强了汉语受传者的学习动力和效率，同时也为推广中国文化、促进世界各国人民的相互了解和友好交往提供了新的可能。

2. 使用中文新媒体传播汉语面临的困境

根据问卷调查和访谈数据可知，新媒体在汉语国际传播中面临的困难主要包括：一是部分汉语传播者操作新媒体的技能不足，影响了优质内容的高效传播；二是新媒体上汉语内容的质量参差不齐，网络用语与标准用语存在巨大差异，这对规范汉语学习造成了影响；三是汉语传播者在使用新媒体平台高效检索优质信息时遇到困难，面对海量信息的筛选效率低下；四是传播内容在种类和质量上的同质化问题严重，尤其是缺乏对汉字书写等方面的教学资源；五是新媒体平台在汉语国际传播中的应用效率有待提高，包括推送对象设置不明确、实践性和互动性不足，以及汉语传播者对平台功能掌握度不够。这些困难综合影响了新媒体在汉语传播中的效果和效率。

第三章

新媒体在汉语国际传播中的应用问题

第一节　汉语受传者使用中文新媒体面临的问题

一、传播便捷性有待提升，传播方式缺乏互动性

新媒体基于互联网技术拥有的多样性、多元性等特点，其内容丰富，以短视频、图片、文字的方式涵盖了中国的语言环境、生活环境和文化环境等，在有利于汉语受传者"跨时空"地感受中国的风土人情、日常生活文化的同时，可以潜移默化地了解中国、学习中文、提升听力、口语等能力。然而，现有技术仍然存在一定的局限性。正是因为新媒体具有"多元性""多样性"的特点，在内容的筛选上对汉语受传者的中文能力提出了挑战。

根据问卷调查和访谈结果，汉语受传者在使用新媒体平台学习中文时，面临内容过载和信息筛选难度增加的问题。超过一半的受传者反映了新媒体内容的辨识难度，尤其是对方言和网络词汇的理解挑战。这揭示了新媒体在提供传播便捷性方面的不足，尽管其具有即时性、多元性和交互性的特点，但在算法优化、个性化推荐及语义理解方面存在明显

缺陷。因此，汉语受传者难以有效筛选与自身中文水平相匹配的教学和文化内容，影响了学习效率和兴趣。

此外，本书也指出新媒体平台在满足汉语受传者对汉语内容的便捷接触时，应加强"定制性"服务的提供，即应考虑不同汉语水平受传者的需求，提供差异化和个性化的内容推荐。目前，汉语受传者在非母语环境下进行汉语内容搜索时，遇到诸多困难，如关键词选择不当和理解障碍，尤其在速度较快的视频内容学习上。这反映了新媒体在传播便捷性方面的局限性，并强调了提升信息筛选效率和优化内容分类体系的重要性。

问题不仅限于内容筛选的难度，还涉及传播方式的互动性缺失。当前新媒体的使用在一定程度上缺乏有效的互动和反馈机制，导致学习者与内容之间的互动不足，进一步影响了学习的动机和深度。因此，新媒体平台需要提升其传播方式的互动性，以促进受传者更主动、更有效地参与中文学习，提高汉语国际传播的实际成效。

二、传播场景单一，多样性不足

汉语的国际传播中，传播场景的多样性可以有效提升汉语受传者对汉语的兴趣，有效提高传播效果。同时，各类直播平台、新媒体教学平台、短视频平台提供的文化场景、教育场景、生活场景等视频内容丰富了传播内容，吸引了不同的受众群体，极大提升了汉语的国际吸引力，也有助于汉语受传者的中文在不同场景的适用性。

结合本书问卷和访谈结果，可以看出汉语受传者接触的大部分场景以校园为主题，出现传播场景单一的情况，可能是由于短视频类平台根据用户的观看时长进行偏好推送，忽略了多场景传播对传播效果的积极影响。受访者也表示在学习中文时，新媒体提供的场景单一，中文博大精深，不同场景下的汉语使用都呈现显著的差异性。这些结果都反映了当前新媒体在汉语国际传播方面的场景单一性，不利于汉语受传者的汉语学习，影响汉语的国际传播效果，限制了汉语学习和文化理解的深度和广度。

三、传播内容质量参差不齐

本书探讨了高质量传播内容的标准和重要性。在现有的新媒体环境中，汉语国际传播有了较之于传统传播方式不同的传播途径。不论是Open2study慕课平台上华南理工大学开设的第一门中文课程《中国语言与文化》，还是孔子学院开发的《用相声演绎中国文化》《卢旺达风土人情》等文化科普类视频，很多经验丰富的汉语传播团队将录制、编排好的内容上传到慕课，都是为了将高质量的汉语学习资源、中国传统文化资源能够传播到汉语受传者的身边，满足外国学习者多元化学习需求，讲好中国故事，传播中国好声音，促进汉语国际传播更好地走向世界。除了这些官方的汉语传播内容，新增的草根传播也逐渐在汉语国际传播中扮演着重要角色，让汉语的学习者们能够多角度地学习汉语。

但是，结合实际的访谈和问卷结果，可以看出这些视频、图片、语音等传播内容在实际传播的时候，其内容的质量把控参差不齐，严重影响了学习者对汉语听、说、读、写的适用性把握，对不同汉语在不同场景下的适用性产生了误解。正如访谈中有同学提到，有的博主水平一般，制作的视频质量也比较粗糙，他们发表的很多较为片面的观点，让自己难以区分，觉得应该加强对很多博主的资质审核，视频质量也应该审核更严格。这也揭示了当前传播者资质不一、缺乏专业知识，以及新媒体平台对上传的各类传播内容的质量监管不足的问题。

第二节　汉语传播者使用中文新媒体的问题

一、书面用语与网络用语的鸿沟

　　新媒体汉语国际传播行为主要指借助新兴媒体平台传播以汉语为主要语言的内容物的国际行为，其强调受众的全球化与传播内容的汉语属性。从传播主体来看，由政府来调控的传播主体，如在学校设立语言类课程、在海外设立孔子学院等，划分为政府导向驱动的汉语国际传播；由语言传播者、受传者主动主导，市场化的传播行为划分为市场导向的汉语国际传播。由政府主导的传播行为旨在宣传中国文化，内容多数为新闻报道、文化宣传、学术交流、语言教育等，其所使用的汉语标准更为官方，用词经过反复筛选斟酌，旨在更精准地宣传中华文化，让外国友人能够更准确地学习中文。与此同时，通过对语言的严格把控，也可以防止其他媒体对语言的曲解，精准控制传播内容的准确性，以达到官方所需要的传播效果。

　　然而，由市场主导的传播主体在传播行为中主要是由经济利益驱动，语言作为一种交流工具和商品，更多的传播内容为方言、日常交流分享、中国语言环境生活分享。这些传播内容由博主们自行根据市场导向来拍摄录制各种传播内容，其语言的使用并非由官方把控。鉴于中国的方言种类数不胜数，语言在不同情境下的使用规则也有明显的区分，其表层语义和深层语义结合不同情境的不同理解都对汉语受传者提出了极高的要求。由此，新媒体传播中，语言的差异性引发的汉语受传者不同程度的不理解、不满意都将影响其对汉语学习的动力和兴趣。

　　结合问卷和访谈结果可以看出，新媒体在非官方的传播主体中，网络语言以及各类新兴语言的使用造成了汉语受传者的诸多困扰，甚至影响到日常交流以及在课堂上汉语使用的场景。网络用语的非正式性、简洁性和创新性与正式场合或教学场景中书面用语的规范性、标准性和传统性具有明显的差异性，导致汉语受传者出现了场景与适用语言的混淆，从而影响到了汉语学习。如何让汉语受传者在官方与非官方的新媒体传播内容中找到书面用语和网络用语的平衡性是未来汉语国际传播需要解决的问题。

二、传播内容同质化现象严重

新媒体平台传播资讯注重量大及时效性，在提供大量信息的同时，难免夹杂一些错误概念或负面消息。在对学习者的访谈中，有学生提到很多时候他们只是很快地接收信息，但看完视频或音频后，并没有再自主思考内容的准确性合理性，以及复习吸收所学知识。由此可见，信息化时代阅读碎片化的情况非常不利于以外国人为主体的汉语国际教育的对象。对于受众来说，传播者所提供的资源应根据需求来进行细分类，而不是鱼龙混杂堆在一起呈现给受众，这也是目前利用新媒体对外传播汉语的通病。

结合问卷和访谈结果也可以看出，一些传播者在没有调查的情况下，将所有汉语学习资源搬上网络，但是受众的汉语水平是很难从众多讯息中找到自己所需要的。而身在中国境外，想要了解和学习汉语的人众多，这些人同样也有着类别之分，是为专业学习语言还是为了解中国文化，是为应对等级考试还是事业需要，存在着不同的汉语学习动机。初级的汉语接触者需要先学习拼音汉字，中级可以开始接触阅读，高级汉语接触者可以在原有的基础知识上进行大面积扩充。这些大大小小的分类，都能为传播主体所利用。一本书会提供目录供读者检索，网络资源也是一样。新媒体所提供给国际上汉语接触者的网络资源大多未经过严格处理及分类，草率地推送给受众，带来的后果可能是汉语受传者在良莠不齐的资源中迷失方向，从而影响了汉语国际传播的实际效果。

由此可见，如何保证新媒体汉语国际传播内容的异质性，结合不同汉语受传者的动机、汉语水平等提供个性化的、定制的传播内容，也是后续传播者需要解决的问题。

三、传播方式缺乏创新性和交互性

新媒体平台上的学习，其背后是以"学"为出发点的教学价值取向，而传统学习模式则是以"教"为出发点。因此，借助新媒体来学习汉语，要求学习者有较强的自制力。但从问卷调查的结果及对学习者的采访结果来看，部分自学能力较差、学习动力不强的学生在使用新媒体学习汉语时，效率不高，尤其是汉语书写方面。有些传播汉语或中华文化的网络平台作为新媒体汉语教学中的重要手段，在汉语学习中起着不容小视的作用，比如，有些人提到的"慕课"。但慕课以"学"为本的教学价值取向冲击以"教"为主的课堂教学模式，对学生的学习能力和自觉性要求很高。对于一些自学能力较差、缺乏学习动力的学生来说，利用新媒体学习的效率较低。

现有的汉语网络教学资源大多数以文字和图片形式呈现给受众，部分以音频和视频形式体现。文字、图片有的来自实体汉语课本，也有自编类的对话和课文等，为学生提供阅读材料；音频通常是由汉语标准的人录制好的对话、课文，以供受众跟读学习；视频以录制为主，也就是指提前录制好以后上传到网络。从传播学的角度来看，以上种种表现形式都属于单向传播，通俗地说，就是只有传播者在讲，受众在听或是看。过程中严重缺乏互动，很难调动受众的兴趣，无法维持受众学习动机。

由此可以看出，汉语国际传播的过程中，单向传播模式难以调动汉语受传者的兴趣和学习动机，因为汉语受传者只是被动地作为接收者，而没有机会积极参与、互动或者反馈。因此，新媒体的创新性和互动性特点没有得到充分利用，在激发学习动机和提高学习效率方面存在着不足。

四、传播效率有待提高

当前汉语传播者面对新媒体平台的应用存在多方面的挑战，影响了汉语国际传播的效率和效果。如问卷调查和访谈结果显示，首先，推送对象设置不明确是主要问题之一。许多对外汉语教学微信订阅号并没有明确针对的受众群体，导致内容推送宽泛、缺乏针对性。这种广泛但不精确的目标对象设定，降低了传播内容的有效性和吸引力。其次，汉语教学和传播的实践性不足。很多网络汉语学习平台未能充分利用网络的交互性，导致学生和教师之间缺乏有效的互动。汉语传播者指出，网络环境减少了面对面的沟通，教师难以获得学生对教学内容的反馈，也难以观察学生的学习状态，影响教学质量。此外，网络平台上教师的约束力减弱，自律性不高的学生难以自主学习，进一步降低了教学效果。最后，汉语传播者普遍存在对新媒体平台掌握度不够的问题。不同年龄段的教师对新媒体平台的熟悉程度不一，操作不熟练会消耗更多时间，影响了教学的效率。由于对新媒体功能的了解和掌握程度有限，导致教师无法有效选择和利用合适的平台开展教学，降低了教学和传播的质量和效率。

综上所述，汉语传播者在新媒体平台上要明确目标受众，增加教学互动，以及加强对新媒体平台的了解和掌握，从而更有效地利用新媒体开展汉语的国际传播。

第三节　中文新媒体传播平台的问题

一、新媒体行业平台数字化技术能力有待提升

新媒体行业得益于互联网和大数据技术让用户可以足不出户接收到

全世界的信息，但是如何从这些海量的数据中筛选出自己所需要的信息是网络信息时代对当前用户的新要求。相较于传统的媒体传播，新媒体行业将海量数据公开在网络平台，用户需要自行根据想要了解的关键词、标签等进行检索。但涉及跨文化交流或者跨语言翻译时，对关键词、标签等的精准检索就容易出现问题。从问卷和访谈结果中可以看出，传播者在使用新媒体开展汉语相关内容传播时，对平台的检索功能提出了质疑。由于传播者在准备传播内容时，也需要检索相关内容进行编辑，发现汉语传播相关的内容会检索出很多无关、无效内容，对其准备传播内容造成负面影响，影响其传播效率。

其次，新媒体行业区别于传统媒体行业的一大特点是具有互动性，即直播时可以让用户与博主实时互动，发布的视频、图片、文字等内容也可以获得平台用户的评论等。互动性不仅让信息接收者感受到互动的乐趣，也可以提升博主的社交动机，促使博主继续进行传播行为。然而，从问卷和访谈结果中可以看出，新媒体平台虽然借助于网络技术让信息传播广泛，其一些汉语网络软件并未有效地开发互动功能，没有充分发挥新媒体平台应有的互动性，限制了用户之间的交流。还有受访者提到，新媒体的网络传播阻碍了汉语受传者和传播者的面对面交流，让传播者无法及时收到汉语受传者的反馈，较之于传统的教授模式，缺乏即时互动性。由此，新媒体平台的汉语传播行为并没有充分利用新媒体所具有的互动性特征，在平台功能上未能提供即时互动，在一定程度上影响了汉语的国际传播效果。

再次，新媒体传播的一大优势在于互联网技术和大数据技术，其平台提供的便捷性不仅体现在传播的受众群体广泛上，还应该体现在利于传播行为上。比如，平台应提供各种便捷方式为传播者提供传播资源，方便传播者生产传播内容，优化传播途径，扩大传播的受众群体。但是，结合问卷和访谈结果可以看出，汉语传播者对平台操作指令的不满意程度超过70%，在访谈中也多次提到了新媒体传播平台对于新手学习如何制作传播内容、搜索传播资源、了解当前市场所需的传播热点造成了很多非便捷的步骤，汉语传播者们几乎都有提到建议新媒体平台优化操作指令，提升数字化能力，以方便传播者们开展汉语国际传播。

综上可以看出，虽然新媒体平台得益于当前的先进互联网技术，具有便捷性、互动性等明显优于传统传播行业的特点，但在汉语国际传播的新媒体平台上，各大平台并未充分利用该数字平台技术，没能为汉语传播者们提供便捷性服务，也没能充分利用新媒体所具有的互动性，互动功能开发不够完全，从而不利于推动汉语的国际传播效果。

二、新媒体平台对汉语传播者专业素养培训不足

结合前面所述，各大新媒体平台，如慕课、钉钉、哔哩哔哩等，需要博主自行制作好视频、图片、文字、语音等，进行内容上传。除了官方博主拥有海量资源可以精心制作各类传播内容、庞大的后期团队对传播内容进行质量监控、专业团队对传播环境等进行专业调研外，草根博主需要自行搜索、制作，其传播成本高，需要大量的时间和精力，对质量的把控也就很难标准化和规范化。结合汉语受传者的访谈结果可以看出，很多个体的传播博主制作的内容质量参差不齐，而从汉语内容传播者的角度，由于平台监管的力度不足，也没有为这些个体博主提供专业的培训或者新手教程，导致个体博主需要自行学习平台的各种操作。

由此可见，对于汉语传播者来说，新媒体平台虽然是一个非常高效且低门槛的一个传播平台，要想达到理想的传播效果，其背后需要付出的时间和精力太大。其问题是个体传播博主专业素养水平良莠不齐，造成新媒体平台上相关内容让用户们更加难以筛选。

三、新媒体平台对传播内容监管不足

如前面所述，受新冠肺炎疫情影响，互联网直播风靡全球，用户数量激增，抖音、快手、BIGO LIVE 等短视频平台在海外拥有超千万的活

跃用户，各类中文的赛事、学术论坛、文化交流节目都增加了线上直播的渠道，迅速提升了汉语的国际传播 。此外，线上汉语学习平台的开发，比如慕课、钉钉等，与汉语受传者的教育动机相结合，而国际化的微信、微博等平台的开发则满足了汉语受传者的社交动机。得益于新媒体的广泛影响力，汉语在国际上的传播速度有效提升。此外，新媒体的传播速度也远远优于传统的媒体传播。各种制作精美的中国文化节目、慕课主题等在新媒体平台上发布，让汉语受传者可以通过这些平台获取各种形式的汉语资源，不受时间限制，且可以循环播放学习。这样的广泛影响力和传播速度使得新媒体的监管变得更为重要，以确保传播内容的准确性和可靠性。而结合访谈的结果，受访者提出了对平台上内容质量的质疑，平台对传播内容的监管程度不足，而且评论者的评论也会造成汉语受传者的认知偏差，难以分辨表达的实际意思。这些结果从一定程度上都揭示了错误信息的传播以及这些信息可能对汉语受传者造成的混淆。由此可见，新媒体有着广泛的影响力和传播速度，其开放性和用户生成内容的特点，都使得监管更加困难，因为内容的来源多样且数量巨大。但如果平台疏于监管，对传播的内容无法进行质量把控，中文水平较弱的汉语受传者将无法正确分辨传播内容的真伪，甚至对传播内容的理解出现偏差，引发日常汉语交流中的沟通障碍或者冲突，最终也将导致汉语国际传播的效率下降，无法达成"讲好中国故事"的实际目标，已无法让国际社会正确地认识中国。

新媒体平台对传播内容的监管不足从用户角度已经凸显，尤其是在汉语传播时的书面用语与网络用语的差别、传递思想观念的正确性、传播的文化教育等观点的准确性，这些从用户的角度已经反映出了问题。而从传播者的角度，其实也涉及对新媒体平台监管问题的不满。从访谈中可以看出，许多传播者是带着教育动机开展汉语的国际传播，所以不仅是希望自己传播的内容质量高，符合汉语教学的标准规范原则，也希望在平台上的传播内容都达到相应的标准，以防止出现传播的汉语内容、水平、规范、用语等的不统一，对汉语国际传播的教育目的造成阻碍。另外，传播的内容具有多样性的同时，在普及文化、语言等方面时，也会有多种的观点混入其中，不仅引发了汉语受传者对于观点选择的问题，也会对传播者在制作传播内容时的选题或评论回答造成一定的困难。因为新媒体上的观点纷繁复杂，不同的传播者内容参差，传播场景与传播语言的匹配性等，都会造成不良传播。

综上所述，新媒体平台应考虑主流价值观念，在汉语国际传播相关的内容上进行有效质量监控，防止汉语的错误传播，防止专业素养不足的博主鱼目混珠，影响官方以及专业教育博主的传播效果。

第四章

新媒体在汉语国际传播中的优化建议

第一节　汉语受传者使用新媒体的建议

一、自觉控制新媒体使用时间，防止沉迷

新媒体平台提供的汉语学习资源虽然多种多样，吸引眼球，但也带来了沉迷和分心的风险。在享受这些资源带来的便利的同时，汉语受传者应该制定明智的策略，自觉控制使用时间，确保学习效率和生活质量不受影响。由此提供以下建议。

首先，结合调查问卷结果，建议控制使用时长。汉语受传者可以设定固定的学习时间表，将新媒体学习时间限制在合理的范围内，比如，每天专门设定1~2个小时。这有助于保持学习的连贯性和系统性，避免因为长时间漫无目的地浏览而分散注意力。参考慕课平台自有的平台使用监控，学习者应该借助各种工具来监控和管理自己在新媒体上的时间消耗，例如，手机或电脑的使用时间跟踪应用。这些工具可以帮助他们了解自己的使用习惯，并在必要时提醒他们休息或停止使用。

其次，建议汉语受传者在使用新媒体学习汉语时，采取主动学习的态度。例如，观看教学视频后，可以进行自我测试，或者尝试与其他学

习者或母语者开展交流练习，以加强学习效果。汉语受传者还可以通过多种方式增加学习的互动性和参与度，如加入在线学习小组，参与讨论和分享学习心得，或者与同伴一起设定学习目标和挑战，使学习过程更加生动和有趣。

最后，汉语受传者应该注意到，新媒体学习是一个辅助工具，不应该完全取代传统的系统学习方法。他们应该将新媒体学习与传统教室学习、书籍学习和实际语言实践相结合，以获得最佳学习效果。

总之，新媒体平台的正确使用，需要汉语受传者的自我约束和合理规划。只有通过均衡的方式，才能在享受新媒体学习资源的便利的同时，避免潜在的沉迷风险，保证汉语学习的长远进展和个人发展的全面性。

二、有效结合传统学习模式，注意内容甄别

有效结合传统学习模式和注意内容甄别对于汉语受传者来说至关重要。在新媒体时代，虽然学习资源变得更加丰富和便捷，但同时也带来了信息真伪难辨的问题。因此，汉语受传者需要鉴别内容质量的能力，同时保持传统学习的系统性和深度。

首先，由于新媒体平台上资源的多元化，汉语受传者应该学会识别可靠的学习资源。这包括检查内容提供者的背景，如他们的教育资格、经验以及之前的学习材料。此外，汉语受传者还应该参考由官方认可的教育机构发布的资源，如大学出版的教材或官方认证的语言课程。还应该值得注意的是，传统的学习模式，如课堂学习、教科书和面对面的交流，提供了一个结构化和有指导的学习环境，这是新媒体平台难以替代的。因此，汉语受传者应将新媒体学习作为传统学习的补充，而不是替代，从两种模式中找到平衡得以达到最佳的学习效果。

其次，汉语受传者还应该培养批判性思维，对新媒体平台上的学习内容进行批判性分析。如问卷和访谈中所提到，汉语受传者对平台上海量

的内容、评论等真实性表示困惑。因此，在接收这些信息时，应该时刻保持清醒：这个信息的来源是什么？这个内容是否有事实依据？是否有偏见或误解？通过这些问题，学习者可以培养出筛选高质量内容的能力。

再次，建议汉语受传者利用新媒体平台上的互动功能，与其他同学或教师进行讨论，这不仅可以帮助他们验证信息，还可以加深对材料的理解。例如，在学习一个新的语法点后，他们可以在论坛上发表自己的看法，或询问其他人的理解。

最后，建议汉语受传者定期回顾和总结学到的内容，这有助于巩固知识，并识别哪些部分需要进一步的学习或澄清。这个过程可以通过传统的笔记方法，或者利用新媒体工具来完成，如在线笔记应用或学习管理系统。

通过上述方法，汉语受传者可以在保持传统学习模式的系统性和深度的同时，充分利用新媒体平台的便利性和多样性，实现有效学习和内容甄别。这样的综合学习方法将会更加全面，有助于学习者在汉语学习的道路上取得更大的进步。

三、积极与传播者互动，提供改进反馈

在新媒体时代，汉语受传者与传播者之间的互动变得越来越容易，也越来越重要。从问卷和访谈中都可以看出，汉语受传者希望能与传播者进行互动，提供有效的沟通交流，以助于理解和学习传播内容的要点等。结合新媒体强大的互动性、交互性和汉语受传者的学习需求，提供以下建议。

首先，汉语受传者可以积极参与到学习内容的反馈过程中，提供具体和建设性的反馈，帮助传播者改进其内容和教学方法。这种互动不仅有助于提升教学内容的质量，还可以增强汉语受传者的学习体验。汉语受传者可以借助于新媒体平台，通过评论、问卷、社交媒体和直接邮件等多种渠道，向传播者提供反馈。例如，在观看一个教学视频后，如果

发现某个语言点解释不够清楚或者示例不够贴切，汉语受传者可以直接提出他们的疑问和建议。

其次，汉语受传者也可以通过参与在线讨论和虚拟研讨会等形式，与传播者直接对话，分享自己的学习经历和需求。这样的直接沟通能够让传播者更好地理解学习者的挑战和需求，从而提供更贴近汉语受传者实际需要的内容。

通过持续的互动和反馈，汉语受传者可以帮助形成一个更加开放和协作的学习环境，其中汉语传播者和汉语受传者共同努力，不断提高教学内容的相关性、有效性和吸引力。

四、督促新媒体平台提升质量监管

如前面多次提到，新媒体平台在汉语国际传播中扮演着至关重要的角色，因此，质量监管的重要性不言而喻。不仅是汉语传播者作为传播主体可以对平台提出优化要求，汉语受传者也应该督促平台加强质量监管，以确保所提供内容的标准和质量。

比如，汉语受传者可以通过参与调查、填写反馈表、参与用户论坛或直接与平台客服沟通的方式，来表达他们对内容质量的关切。可以提出具体的建议，如增加专业编辑团队的介入，实施更严格的内容审核流程，以及建立用户报告错误或不当内容的机制。

此外，汉语受传者还可以通过社交媒体和网络社区提高公众对内容质量问题的意识。这种公共监督能力对于推动平台提高内容监管标准至关重要。同时，汉语受传者应支持那些已经实行良好质量监管的平台，通过正面的用户评价和推荐来表扬他们的努力。这不仅能鼓励这些平台继续保持高标准，也能为其他平台树立榜样。

通过这种积极参与和督促，新媒体平台就会有动力进行必要的改进，提升其内容审核的标准和过程。这样的质量监管不仅有利于保护学习者不受错误或误导信息的影响，也有助于构建一个更加健康和可靠的学习环境。同时，这样的反馈和要求可以帮助平台识别和解决问题，提升用户体验，影响新媒体平台的政策和方向，并且在长远中促进汉语作为一门全球语言的传播和接受。

综上所述，汉语受传者对平台的督促，不仅能提升个人学习经验的质量，还能为整个汉语学习社区带来积极的影响。在整个汉语国际传播过程中，新媒体平台、汉语传播者、汉语受传者，三方应为合作伙伴，共同致力于提升传播的整体水平和质量。

第二节 汉语传播者使用新媒体的建议

一、熟练使用新媒体平台的资源和操作，提高传播效率

如前面所述，新媒体平台具有多种多样的功能，并且平台开发潜力巨大，而传播者对新媒体操作指令的掌握程度直接影响他们利用这些工具的效率和创造性。问卷结果指出传播者对操作指令的不满，可能是源于两个方面：一是新媒体平台的用户界面和操作复杂性；二是传播者自身对这些工具的了解和熟练度。为了提高汉语国际传播的效率，传播者必须熟练掌握如一键剪辑、音乐自动卡点、图片一键优化等操作。

一方面，平台开发者需要对操作指令进行简化，使其更加直观和用户友好。这意味着提高界面设计的直观性，减少不必要的复杂性，以及增加用户帮助和教程的可访问性。通过简化操作流程，即使是技术不那么精通的传播者也能快速学习并应用这些功能，从而提升内容的生产效率。

另一方面，传播者自己也应承担起学习和提高操作技能的责任。这可能涉及参加由平台官方或第三方机构提供的培训课程，或者是通

过在线教程和论坛进行自学。增强他们对新媒体工具的理解和应用能力，不仅能提升他们传播内容的质量和创造性，也能使他们更好地与目标受众互动。比如，在实践中，这可能意味着定期参与培训和研讨会，更新自己关于最新社交媒体趋势的知识，以及学习如何利用新兴的数字工具来创造和分发内容。例如，视频内容创作者可以学习如何使用视频编辑软件中的高级功能来提高他们作品的专业度，而博客作者可以研究 SEO（搜索引擎优化）原则来增加他们文章的在线可见性。

在此基础上，汉语传播者还应该能够利用新媒体平台的高级功能，如算法优化的推荐系统、自动化内容发布和社交媒体互动工具，来提高内容的可见度和吸引力。例如，他们可以使用数据分析工具来了解受众的偏好，调整内容策略以更好地满足受众的需求。

再次，为了跨越操作指令的学习曲线，传播者应该积极寻求同行交流的机会，分享最佳实践和经验教训。通过建立一个汉语传播者的新媒体操作指令社区，他们可以互相学习，共同进步，从而提高整体汉语国际传播的专业水平。

由此可知，只有当新媒体平台的操作更加人性化，且传播者能够充分掌握这些操作指令时，汉语国际传播的效果才能得到显著提升。这不仅需要平台开发者和传播者之间的紧密合作，也需要一个不断学习和适应新技术的开放心态。传播者应该积极适应数字化时代的要求，不断提升个人技能，以便更好地利用新媒体平台作为汉语传播的有效工具。而新媒体平台本身应该支持这一过程，提供给传播者更多的资源和支持。这可以通过设置交互式教程、实时支持服务，或者开发专门针对汉语传播者的工具和功能来实现。平台的这种支持将有助于传播者更好地利用平台的潜力，从而推动汉语的全球传播。

随着新媒体技术的不断进步和汉语国际传播需求的日益增长，传播者与平台之间的协作将成为推动汉语教育和文化交流向前发展的关键。通过不断学习和适应新的工具和技术，传播者将能够更有效地利用新媒体平台，为全球汉语受传者提供丰富、多元和高质量的教学资源。

二、提升传播场景的多样化和语言的规范性，丰富传播方式

在传播行为中，多样化的传播场景有助于汉语受传者更多角度地学习汉语，学习不同场景下的汉语使用情况，以及更好地了解中华传统文化、日常生活风俗等。而正如前面所说，语言的规范性对于汉语的国际传播也至关重要。将教育动机作为主要动机的传播者们需要严格要求自身传播内容的语言严谨性，不仅是对内容接收者的负责，也是对汉语国际传播大环境的负责。

结合问卷调查和访谈可以看出，汉语受传者对新媒体平台当前汉语传播场景的单一性提出了不满，以及对如何鉴别网络用语和书面用语提出了困惑。由此，针对汉语传播者在使用新媒体平台时面临的传播场景单一和语言规范性的问题，提出以下建议。

为了丰富传播场景，传播者应当开发和利用新媒体平台的多样化功能，创造具有吸引力的汉语学习环境。例如，可以制作带有情景对话的视频，模拟在中国餐馆点餐、在商场购物或参加传统节日活动等日常生活场景。此外，还可以通过 VR 技术让学习者虚拟参观中国的名胜古迹，不仅学习语言，还能深入体验文化。

语言规范性的提升则是需要传播者加强专业知识的学习和实践。传播者应该定期参与语言培训，更新自己的语言知识和教学方法。同时，新媒体平台应提供有效的工具和资源，帮助传播者校对和审核内容，确保其准确无误。例如，可以开发自动校对工具来检测语法错误，或建立一个专家团队提供咨询服务。

　　而针对网络用语和书面用语的鉴别问题，传播者可以在内容中明确标注不同语言风格的使用场合和语境。例如，在介绍网络热词或流行语时，可以解释它们的来源和适用情境，同时提供标准书面语的等效表达。通过这种方式，汉语受传者不仅能学习到丰富的语言表达，还能理解语言的恰当使用。

　　此外，为了解汉语受传者的学习进度或者兴趣程度，传播者应该及时收集和分析用户反馈，了解他们的具体需求和挑战，并据此调整传播策略。可以定期开展问卷调查和访谈，收集对现有内容的评价和改进建议，然后根据反馈优化传播内容和方法。

三、创作高质量的作品并强化互动性，提升受传者兴趣

　　高质量内容的确立对汉语国际传播的持续发展至关重要。由问卷调查和访谈中得知，汉语受传者普遍对新媒体平台上的汉语内容质量不一表示出了不满。这种质量的不均衡不仅影响了学习者获取知识的效率，还可能导致对汉语学习的兴趣下降，甚至可能对汉语作为一门语言的权威性产生负面影响。

　　汉语传播者在制作和筛选教学内容时面临的一个主要挑战是，不规范的资源混杂于高质量内容之中，使得筛选过程变得烦琐且耗时。此外，缺乏一个统一的质量评估标准使得区分优质内容变得更加困难。因此，提升内容质量，建立规范化的评估体系，对于汉语国际传播是一个迫切的需求。传播者应当加强与专业机构和教育团体的合作，共享资源，统一标准。通过这种合作，可以建立共享的高质量内容库，减轻个别传播者筛选资源的负担。合作还可以促进资源的相互审校和改进，保证信息的权威性和教育性。

　　同时，传播者应倡导并实践创新的内容创作，例如，引入跨学科的元素，结合历史、艺术、科技等领域的知识，使汉语学习不再局限于语

言本身，而是成为一次全方位的文化体验。这种多维度的内容将吸引更广泛的受众，并激发他们对汉语及其文化背景的深入探索。

为应对资源筛选中的困难，传播者还需要开发和维护一个高质量的资源库。这需要他们不断地从各种来源中挑选最佳材料，包括学术出版物、在线课程，以及其他传播者分享的最佳实践。在这一过程中，建立一个共享的评审机制至关重要，这可以通过行业内部的同行评审或者专家顾问团的定期审核来实现。

通过上述方法，汉语国际传播者可以提升内容的整体质量，满足汉语受传者的期待，并为汉语的国际传播做出积极贡献。最终目标是建立一个稳定且可信赖的汉语学习环境，其中内容不仅质量上乘，且能够体现汉语的丰富性和多样性。为此，传播者须确保他们所提供的每一个教学点都准确无误，每一个文化细节都经过精心挑选，以真实反映中华文化的精髓。

在提高互动性方面，汉语传播者应利用新媒体的技术优势，创建更多互动的教学环境和平台。首先，可以开发和利用各种在线工具和应用，如实时问答系统、互动讨论板和虚拟课堂等，来增加教师与学生、学生与学生之间的互动。这不仅能够提升学习的动力和效率，还能促进更深入的理解和学习。其次，传播者应设计更多基于任务的学习活动，鼓励汉语受传者通过合作和团队工作来完成特定的学习任务。这种方法可以帮助学习者在实践中学习汉语，并提供机会让他们应用新学的知识解决实际问题。同时，通过团队合作，汉语受传者可以相互学习，相互帮助，建立更加紧密的学习社群。此外，传播者应积极采用社交媒体工具，如微信、微博等，创建专门的学习小组或论坛，为学习者提供一个分享、讨论和交流的平台。在这些平台上，汉语受传者可以分享他们的学习经验、学习资源和学习成果，与其他学习者进行互动交流。这不仅可以增加学习的趣味性和社交性，还可以帮助汉语受传者构建起一个相互支持的学习网络。

最后，传播者应提供即时反馈和个性化建议，以支持汉语受传者的学习进度和个人发展。这可以通过在线评估、即时反馈系统和个性化教学计划来实现。通过及时了解汉语受传者的学习情况和需求，传播者可以更有效地指导和支持每一位学习者，使汉语学习变得更加有效和个性化。

总而言之，提高互动性是提升汉语国际传播效率的关键因素。通过创造更多互动的学习机会和环境，汉语传播者不仅能够提升汉语受传者的学习效率和动力，还能够增进汉语受传者对汉语和中国文化的理解和兴趣，进一步推动汉语在全球范围内的传播和普及。汉语传播者应意识到，与他们互动的每一位汉语受传者都可能成为汉语文化的一名使者。因此，提供高质量的内容、增强互动性不仅是对个人学习者负责，更是对全球传播汉语文化负责。通过不断地优化和提升内容质量，扩大汉语受传者群体，汉语传播者将在推动汉语走向世界的过程中扮演至关重要的角色。

四、积极与平台反馈传播困难，优化传播平台

汉语传播者积极与新媒体平台沟通，反馈在汉语国际传播过程中遇到的困难，对于提升传播效率和内容质量具有重要意义。汉语传播者在实际操作中遇到的问题，如系统的复杂性、监管的不严、反馈机制的缺失等，不仅影响了他们的工作效率，还可能限制了汉语国际传播的广度和深度。为此，提出以下建议。

首先，传播者应当建立与新媒体平台的定期沟通机制，提出具体而有建设性的反馈。例如，他们可以组织定期的用户论坛或研讨会，邀请平台技术人员参与，直接向他们展示操作系统中的问题，并讨论可能的改进方案。这种面对面的交流有助于技术团队更直观地了解问题所在，从而作出更有效的调整。

其次，汉语传播者应该利用新媒体平台提供的反馈渠道，如用户反馈表、在线支持对话框或直接电子邮件反馈。他们可以详细记录操作过程中的每一步，遇到的问题，以及建议的解决方案。这样的翔实记录不

仅有助于平台迅速识别和修复问题，还能够作为改进平台的重要依据。

对于监管系统的不足，传播者应提出加强内容审核和监管的具体建议，如引入更严格的内容审核标准，或开发智能审核工具来自动检测并过滤不合规内容。这些措施可以保证汉语内容的规范性和可靠性，避免错误或不恰当的信息传播。

最后，汉语传播者应该积极参与到新媒体平台的开发和改进中，成为技术创新的合作伙伴。在沟通的过程中，传播者应当强调合作的重要性，提出可以共同开展的项目，如联合举办在线汉语教学活动、文化交流活动等。通过这些合作项目，可以更好地利用新媒体平台的技术优势，同时也为汉语传播者提供了展示其内容的平台。例如，他们可以提出新的功能想法，如开发专为汉语教学设计的工具或应用，提供个性化学习路径的算法、优化跨语言翻译功能等。通过这样的合作，汉语传播者不仅能够帮助新媒体平台改进其服务，也能够为汉语教学和国际传播贡献自己的力量。

第三节　汉语传播新媒体平台的建议

一、积极开发与维护平台功能，提高互动性

在积极开发维护平台功能方面，结合前面文献中提到的互联网技术，提出以下建议以促进新媒体平台在汉语国际传播中的效率和效果。

首先，平台开发者应该持续关注用户需求和行为，不断改进和优化平台功能。这包括通过用户反馈和数据分析等方式，了解用户在平台上的操作习惯、偏好和需求，从而及时调整和更新平台功能，以更好地满足用户的需求。同时，平台可以引入更先进的技术，提升用户体验和操作便捷性。例如，采用人工智能和机器学习等技术，为用户提供个性化

的推荐服务，根据其兴趣和历史行为推荐相关内容，提高用户对平台的黏性和满意度。

其次，平台可以加强社交和互动功能，促进用户们之间的交流和互动。例如，增加评论、点赞、分享等社交功能，让用户能够更直接地与其他用户和内容创作者进行互动，增强平台的社交氛围和活跃度。

最后，平台可以提供更丰富多样的传播工具和资源，帮助内容创作者更轻松地制作和传播内容。例如，提供在线编辑器、模板库、素材库等工具，让用户能够快速高效地制作各类内容，丰富平台上的内容形式和品质。

在维护方面，平台应建立健全的内容管理和审核机制，确保平台上的内容合法、准确、可信。平台可以设置严格的内容审核标准，配备专业的审核团队，对上传的内容进行审核和筛查，及时处理违规内容，维护平台的良好形象和用户信任度。

并且平台还应加强安全防护和数据保护，保障用户的信息安全和个人隐私。采取有效的技术手段和措施，防范各类网络安全威胁和风险，确保平台的稳定性和可靠性，提升用户的使用信心和满意度。

总的来说，积极开发维护平台功能是提升新媒体平台在汉语国际传播中效率和效果的关键之一。通过不断改进和优化平台功能，提升用户体验和满意度，加强内容管理和安全保障，可以为汉语国际传播提供更好的平台支持和保障。

二、严格把控平台内容监管，做好质量管理

在严格把控平台内容监管方面，如前面所提到，传播内容的质量、网友的评论、网络用语与书写用语的鸿沟是影响当前汉语国际传播效率的主要问题。由此，提出以下建议。

首先，平台应建立健全的内容审核机制和规范，明确内容审核的标准和流程，确保所有上传的内容符合法律法规和平台的政策要求。平台

可以设立专门的审核团队，负责对上传的内容进行审核和筛查，及时处理违规内容，保障平台内容的合法性和准确性。

其次，平台应采用先进的技术手段，提升内容审核的效率和准确性。例如，可以引入人工智能和机器学习等技术，对大量的内容进行自动筛查和识别，快速发现和处理违规内容，减轻人工审核的压力，提高审核的效率和质量。此外，平台可以加强对内容创作者的管理和监督，建立信用评价和奖惩机制，激励内容创作者自觉遵守平台规则，提高内容质量和合规性。通过对内容创作者的行为和质量进行监督和评估，及时发现和处理不良行为，维护平台的良好秩序和声誉①。

再次，平台还可以加强用户举报机制和反馈渠道，鼓励用户发现和举报违规内容，及时向平台反馈问题，共同维护平台的清朗环境和用户权益。建立起快速响应的处理机制，对用户举报的内容进行及时核查和处理，提高用户对平台的信任度和满意度。

最后，平台应加强与相关部门和机构的合作，共同推动内容监管工作②。与行业协会、政府部门、专业机构等建立合作关系，共同制定内容监管的标准和规范，开展培训和交流活动，共同推动行业的健康发展，提升内容传播的质量和效果。

综上所述，严格把控平台内容监管是保障汉语国际传播平台健康发展和用户权益的关键之一。通过建立健全的审核机制和规范，加强技术手段和管理措施，强化用户参与和合作机制，可以有效提升平台内容的质量和合规性，推动汉语国际传播事业的持续发展。

---

① 侯艳、刘芸：《新媒体在汉语国际传播中的应用研究》，载《桂林航天工业学院学报》2019 年第 2 期，第 311~314 页。

② S. R. Kudchadkar, C. L. Carroll, *Using social media for rapid information dissemination in a pandemic*：# *PedsICU and coronavirus disease* 2019, Pediatric Critical Care Medicine, vol. 21, no. 8 (2020), p. e538.

三、提供平台传播教程和培训，培养高素质传播者

提供平台传播教程和培训是确保汉语国际传播平台上内容质量和用户体验的重要举措①。结合前面传播者提出的操作疑惑以及面对内容制作的困境，以下是一些建议，以提升平台传播教程和培训的效果。

第一，平台可以开设在线教程和培训课程，覆盖传播者的各个技能和知识需求。这些课程可以涵盖汉语国际传播的基础知识、传播技巧、内容制作方法、平台操作技能等内容，帮助传播者全面提升传播水平和专业素养。教程内容可以通过文字、图片、视频等多种形式呈现，以满足不同用户的学习需求和偏好。

第二，平台可以邀请专业人士和行业领军人物担任教程讲师，分享他们的成功经验和传播技巧。通过邀请有影响力和经验丰富的专家和实践者，可以提供高质量的教学内容，激发传播者学习的兴趣和动力，同时增加教程的权威性和可信度。

第三，平台可以建立在线学习社区或论坛，为传播者提供交流互动的平台。在这个社区中，传播者可以互相交流经验、分享资源、解决问题，共同提升传播水平和技能。平台可以设置专门的版块或话题，针对不同的传播需求和话题进行讨论和交流，促进学习者之间的互动和合作。

第四，平台还可以定期举办线上培训活动和工作坊，为传播者提供面对面的学习机会和实践经验。这些培训活动可以由平台组织或与合作机构共同举办，通过专业导师的指导和实践案例的分享，帮助传播者提升传播技能和创新能力，拓展传播思路和方法。

第五，平台可以建立个性化的学习跟踪和评估机制，帮助传播者了

① 李德俊：《论汉语国际传播与中国文化软实力的构建》，载《理论月刊》2015 年第 5 期，第 63~68 页。

解自己的学习进度和水平。通过设立学习目标、定期考核和评估，可以激励传播者持续学习和提升，确保他们在汉语国际传播平台上具备足够的专业素养和技能水平。

综上所述，提供平台传播教程和培训是促进汉语国际传播平台健康发展和传播者能力提升的重要手段。通过开设多样化的在线教程和培训课程、邀请专业讲师和行业领军人物和建立学习社区等方式，可以为传播者提供全面的学习资源和支持，促进汉语国际传播事业的持续发展。

结　　语

　　随着全球化的深入发展和"互联网＋"的广泛应用，汉语国际传播面临着前所未有的机遇和挑战。特别是共建"一带一路"进入高质量发展的新阶段为汉语的全球传播提供了新的动力，也增加了汉语学习的全球热度。在这样的背景下，借助新媒体平台开展汉语国际传播已成为一种不可逆转的趋势。新媒体的交互性、即时性和全球覆盖性使得汉语教学和文化传播更为高效和广泛。

　　结合以上大背景，本书将已有的研究成果与当前汉语国际传播现状相结合开展研究。本书以新媒体为切入点，综合运用文献资料分析法、问卷调查和深度访谈研究方法，重点探究新媒体的汉语国际传播机制，发现其中的传播动机、传播行为特征以及由此引致的传播效果。当前，新媒体在汉语国际传播方面表现突出，主要原因如下。

　　第一，新媒体激发了汉语国际传播的动机。随着全球"汉语热"的持续升温，越来越多的人群对学习汉语抱有浓厚的兴趣。新媒体平台提供了便捷的学习方式和丰富的学习资源，极大地激发了人们的学习动力。而对汉语传播者来说，汉语受传者群体的扩大和积极回应也是他们创作的动力。而新媒体平台的便捷性、互动性、高效性也促进了其传播动机的进一步提高。

　　第二，新媒体极大地丰富了传播行为。新媒体在汉语国际传播中展现出极大的多样性和灵活性，它不仅改变了汉语教学的方式，也丰富了汉语传播的手段。例如，通过社交媒体、在线视频、博客和论坛等，汉语传播者能够以多种形式与学习者互动，包括但不限于实时在线教学、互动问答、语言游戏、文化讲座等。这种丰富的传播行为不仅为学习者提供了更多选择，也使汉语学习过程更加生动有趣，适应了不同背景和需求的学习者。此外，新媒体还支持个性化学习路径的创建，允许学习者根据自己的学习速度和兴趣选择合适的内容，极大地提高了学习的灵活性和自主性。而传播者可以利用更多元化的平台和工具开展汉语的国际传播。例如，他们可以通过微博、微信、抖音等社交媒体平台，直播或上传汉语教学视频，分享中国文化资讯，提供实时互动和反馈。这种丰富的传播途径不仅增加了汉语国际传播的效率和影响力，也为传播者提供了更多的创造性和个性化表达的空间，使汉语传播工作更加多样化和生动化。

第三，新媒体提升了汉语国际传播效率。首先，新媒体大大扩展了汉语的国际影响力，使汉语学习不再局限于特定地区或人群，任何有互联网接入的人都可以随时随地开始学习汉语；其次，新媒体的交互性和即时反馈机制极大提升了学习者的参与度和学习动力，通过评论、讨论和分享，学习者可以立即获取反馈，提高了学习效率；再次，新媒体还允许传播者根据反馈和数据分析及时调整教学内容和方法，使教学更加符合学习者的需求，进一步提高了教学的有效性；最后，运用新媒体，学习者不仅可以学习汉语，还可以深入了解中国文化，进一步激发传播动机。

然而，尽管新媒体在汉语国际传播中表现出色，仍存在许多可以改进和优化的方面。

第一，新媒体的汉语国际传播行为还需提升互动性。新媒体汉语平台需要增强互动性，提高汉语受传者的参与度和互动体验。通过增设互动讨论区、实时反馈机制、个性化推送等，能够更好地激发汉语受传者和汉语传播者的动机和参与热情。

第二，新媒体传播内容和服务个性化还需优化。平台应根据汉语受传者的具体需求，提供更加个性化的内容和服务。比如，平台可以利用大数据和人工智能技术对用户行为进行分析，推送更符合个人需求的传播内容；还应探索和利用最新的技术，如 VR、AR 等，为汉语传播者提供更多创作空间，让传播内容更为生动和直观。汉语传播者应当注重内容的深度、广度和创新性，确保信息的准确性和可靠性。此外，汉语规范化也是关键，特别是在呈现标准汉语发音、语法和用法时，要避免方言和网络用语的过度使用，以保证汉语受传者能够接触到高质量的传播内容。

第三，新媒体平台应提升平台质量监管。加强对新媒体平台内容的监管和评估，确保传播内容的质量和正确性。建立更为严格的内容审核机制和质量标准，避免错误和不当信息的传播。优化和扩展高质量的传播资源，支持汉语的国际传播。

综上所述，新媒体在汉语国际传播中的应用虽然已取得显著成果，但仍须在互动性、个性化、质量控制、文化传播以及技术应用等方面进行进一步改进和优化，以实现更高效、广泛和深入的汉语国际传播。

本书尚有不足和欠缺之处，为下一步继续开展研究留有空间，未来在新媒体汉语国际传播的研究还可以在以下几个方面探索：（1）新媒体汉语国际传播动机研究：深入探究不同地区、不同背景下学习者学习汉语的动机，分析新媒体环境下汉语学习动机的特点和变化，以更好地指导汉语传播策略的制定和实施；（2）传播行为和传播效果研究：基于新媒体环境，分析汉语传播者的行为模式、传播内容和方式的创新，以及这些因素对受传者学习效果的影响，探索新媒体下最有效的汉语教学和文化传播模式；（3）媒体传播机制及其调节因素研究：研究新媒体环境下汉语国际传播的机制，包括内容生成、传播渠道选择、信息接收和处理等，同时分析影响这一机制的内外部因素，如文化差异、技术限制、政策环境等；（4）传播机制中介因素研究：探讨在汉语国际传播过程中起到桥梁作用的中介因素，例如，新媒体平台的用户参与度、社交网络的构建和运用，以及文化内容的本土化策略等；（5）基于新媒体的汉语教学模式和资源开发：结合新媒体特性，研究和开发适合不同学习者需求的汉语教学模式和教学资源，包括互动式教学、游戏化学习、情景模拟等，提升汉语学习的趣味性和有效性。

总之，未来的研究应更加深入地探讨新媒体在汉语国际传播中的应用与优化，不断提高汉语国际传播的效率和质量。同时，应关注新媒体汉语传播对促进跨文化交流和理解的作用，助力汉语成为连接世界各地人民的桥梁。通过不断地探索和实践，我们可以为汉语的全球传播开辟更加广阔的空间。

参 考 文 献

一、专著

陈青文：《语言、媒介与文化认同：汉语的全球传播》，上海交通大学出版社 2013 年版。

陈作平：《媒介分析》，中国人民大学出版社 2015 年版。

程曼丽：《国际传播学教程》，北京大学出版社 2008 年版。

郭熙：《社会语言学》，浙江大学出版社 2004 年版。

黄荣怀：《混合式学习的理论与实践》，高等教育出版社 2006 年版。

黄玉雪：《华女阿五》，译林出版社 2004 年版。

李柏令：《新思域下的汉语课堂》，上海交通大学出版社 2009 年版。

李宇明：《中国语言规划三论》，商务印书馆 2015 年版。

陆俭明：《汉语教学学刊》，北京大学出版社 2005 年版。

明安香：《信息高速公路与大众传播》，华夏出版社 1999 年版。

吴燕和：《华人儿童社会论》，上海科学技术文献出版社 1995 年版。

中国社会科学院语言研究所词典室：《现代汉语词典》，商务印书馆 1996 年版。

二、学位论文

崔倩：《传播学视域下汉语国际教育传播媒介研究》，山东大学博士学位论文，2017 年。

高艳鹏：《基于 SWOT 理论的辽宁省汉语国际传播研究》，辽宁师范大学博士学位论文，2019 年。

冯文：《抖音短视频在汉语国际教育传播中的应用分析》，西南科技大学博士学位论文，2021 年。

李莎：《习近平经典辞格在汉语传播中的价值与应用研究》，华中科技大学博士学位论文，2023 年。

王滟雨：《跨文化传播视域下"歪果仁研究协会"短视频中的议题设置研究》，中南民族大学博士学位论文，2019 年。

肖顺良：《美国汉语传播研究》，中央民族大学博士学位论文，2016 年。

宇璐：《法国汉语传播研究》，吉林大学博士学位论文，2019 年。

张剑威：《跨境社交网络关键用户发现》，云南大学硕士学位论文，2019 年。

张敬：《韩国汉语传播研究》，中央民族大学博士学位论文，2013 年。

张倩：《创新扩散视角下图书短视频的传播现状，问题及对策研究——以抖音平台为例》，西南财经大学博士学位论文，2022 年。

张艺馨：《对外汉语视频教学及其走势》，华中师范大学博士学位论文，2017 年。

郑惠文：《新时期中国汉语国际传播政策研究》，湖北工业大学，2022 年。

三、期刊论文

蔡燕：《新媒体环境下的语言国际传播研究》，载《山东社会科学》2015 年第 10 期。

曹儒、刘思远：《对外汉语教学慕课的发展现状及思考》，载《辽宁大学学报》2017 年第 6 期。

陈思：《汉语国际传播下新媒体的新闻语言规范问题研究》，载《北方文学》2017 年第 27 期。

褚彦：《缅甸华文新媒体有声语言传播的现状及对策分析——以"缅甸中文网"和"缅甸之声"微信公众号为例》，载《科技传播》

2022 年第 14 期。

邓俊峰、梁婷：《新媒体视域下视觉语言传播的互动性实现》，载《传媒》2017 年第 24 期。

董于雯：《汉语国际推广的意义和策略》，载《教育理论与实践》2013 年第 33 期。

樊静：《汉语国际传播的路径选择——以"汉语桥"世界大学生中文比赛为例》，载《传媒》2022 年第 17 期。

高红波：《〈新媒体通论〉书评：用"新"研究新媒体》，载《新媒体研究》2015 年第 13 期。

高敬、赵琬微：《中国以外累计学习中文人数达 2 亿"中文联盟"等国际中文在线教育平台发布》，载《新华网》2020 年第 2 期。

高嵩、李敏：《社交媒体交往的特征及教育意义》，载《青年记者》2014 年第 13 期。

郭薇、于萌：《数字媒介推动汉语国际传播策略的研究》，载《传媒》2018 年第 2 期。

郭熙：《以辅助专业教学为目的的汉语作为第二语言的教学：实践与思考》，载《对外汉语研究》2006 年第 2 期。

郭云婷：《谈汉语教学中文化因素的重要性》，载《现代语文：中旬．教学研究》2015 年第 1 期。

韩辉：《浅析电视媒体在对外汉语教学中应用的案例——快乐汉语》，载《戏剧之家》2014 年第 18 期。

何干俊：《当代汉语国际传播的有效途径研究》，载《中南民族大学学报（人文社会科学版）》2018 年第 5 期。

何干俊：《新时代推动汉语国际传播能力建设的路径》，载《中南民族大学学报（人文社会科学版）》2022 年第 7 期。

侯艳、刘芸：《新媒体在汉语国际传播中的应用研究》，载《桂林航天工业学院学报》2019 年第 2 期。

胡范铸、刘毓民、胡玉华：《汉语国际教育的根本目标与核心理念——基于"情感地缘政治"和"国际理解教育"的重新分析》，载《华东师范大学学报》2014年第3期。

黄月：《新媒体视域下提升中国传统文化认同的策略研究》，载《武汉理工大学》2024年3月刊。

汲传波、刘芳芳：《欧洲孔子学院汉语国际传播现状与思考》，载《理论月刊》2017年第2期。

金凡、刘岱宗、房育为：《首尔公交改革对中国城市交通的启示》，载《城市交通》2006年第6期。

李宝贵：《2017—2018年汉语国际传播的研究热点主题及其演进》，载《中华文化海外传播研究》2019年第1期。

李宝贵：《习近平关于语言传播的重要论述及其对汉语国际传播的启示研究》，载《东北师大学报（哲学社会科学版)》2019年第4期。

李德俊：《论汉语国际传播与中国文化软实力的构建》，载《理论月刊》2015年第5期。

李海梅：《"一带一路"沿线地区汉语国际传播的新媒体平台运用》，载《青年与社会》2018年第29期。

李立耀、孙鲁敬、杨家海：《社交网络研究综述》，载《计算机科学》2015年第11期。

李鹏宇：《社交媒体与新闻社交化传播的特点与发展》，载《青年记者》2020年第8期。

李宇明：《什么力量在推动语言传播?》，载《汉语国际传播研究》2011年第2期。

李宇明：《探索语言传播规律》，载《国际汉语教学动态与研究》2007年第3期。

李宇明：《重视汉语国际传播的历史研究》，载《云南师范大学学报》2007年第5期。

李宇明：《全球化文化竞争背景下的国际传播研究》，载《国际汉语教学动态与研究》2015年第2期。

梁英明：《从东南亚华人看文化交流与融合》，载《华侨华人历史研究》2006 年第 4 期。

林迎娟：《"一带一路"沿线国家的孔子学院发展模式探析》，载《发展研究》2016 年第 8 期。

刘晶晶：《东南亚汉语传播：现状、困境与展望》，载《沈阳师范大学学报》2020 年第 2 期。

刘娟：《慕课（MOCC）背景下的国际汉语教学和推广》，载《学术论坛》2015 年第 3 期。

刘露琪：《科技介入下汉语国际传播面临的挑战及对策分析》，载《文化交流》2015 年第 55 期。

刘巍巍：《新媒体环境下视觉语言传播的多元变革》，载《今古文创》2020 年第 19 期。

刘旭：《汉语国际传播风险评估体系构建刍议》，载《云南师范大学学报（哲学社会科学版）》2021 年第 1 期。

刘芸：《新媒体传播视域下的短视频广告传播策略》，载《中国传媒科技》2023 年第 5 期。

卢德平：《汉语国际传播的推拉因素：一个框架性思考》，载《新疆师范大学学报（哲学社会科学版)》2016 年第 7 期。

卢永春：《2019 海外华文新媒体影响力报告》，载《人民日报海外网数据研究中心》2019 年第 1 期。

陆俭明：《汉语国际传播中的几个问题》，载《华文教学与研究》2013 年第 3 期。

陆俭明：《汉语国际传播中的一些导向性的问题》，载《云南师范大学学报》2016 年第 1 期。

吕军伟、张丽维：《基于"互联网＋"的汉语国际教育在线互动教学平台建设现状研究》，载《前沿》2017 年第 8 期。

马洪超：《汉语国际传播的方式与策略探析》，载《安徽理工大学学报（社会科学版本)》2016 年第 3 期。

苗小勇、陈仕品：《国外 Facebook 在教育中的应用研究》，载《电化教育研究》2012 年第 5 期。

莫智勇：《数字传播媒介平台化与产业机制探析》，载《现代传播（中国传媒大学学报）》2015 年第 6 期。

潘佳盈：《泰国高校汉语 E－learning 教学方式的现状与发展——以 Tailand Cyber University 为例》，载《汉语国际传播研究》2014 年第 1 期。

钱丽吉、吴应辉：《元宇宙技术推动汉语国际传播跨越式发展的功能与路径》，载《云南师范大学学报（哲学社会科学版）》2023 年第 4 期。

沈敏：《新时代汉语国际传播的湖南对策》，载《湖南社会科学》2021 年第 2 期。

孙宜君、王长潇：《融媒环境下电视传播语言的嬗变与坚守》，载《当代传播》2019 年第 1 期。

谭小娟：《传统广播节目和新媒体的融合与发展探析》，载《传播力研究》2023 年第 7 期。

唐玮：《新媒体直播打破地方媒体区域性限制》，载《视听》2023 年第 8 期。

唐智芳：《汉语国际推广与中国文化传播》，载《湖南大学学报：社会科学版》2013 年第 2 期。

田智辉、刘颖琪、张晓莉：《社交媒体平台的新闻传播模式》，载《新闻与写作》2016 年第 11 期。

王国华、高伟、李慧芳：《"洋网红"的特征分析、传播作用与治理对策——以新浪微博上十个洋网红为例》，载《情报杂志》2018 年第 12 期。

王辉：《语言传播的理论探索》，载《语言文字应用》2018 年第 2 期。

王婉妮：《网络新媒体特点及其现状分析》，载《今传媒》2014 年第 12 期。

王勇、李怀苍：《中国微信的本体功能及其应用研究综述》，载《昆明理工大学学报》2014 年第 2 期。

吴昊：《新媒体时代新闻传播的特点及路径分析》，载《新闻研究导刊》2023 年第 12 期。

吴应辉、杨吉春：《泰国汉语快速传播模式》，载《世界汉语教学》2008 年第 4 期。

吴应辉：《让汉语成为一门全球性语言——全球性语言特征探讨与汉语国际传播的远景目标》，载《汉语国际传播研究》2014 年第 2 期。

夏临：《"讲好中国故事"主题短视频的国家形象传播策略探析》，载《视听》2019 年第 11 期。

肖慈敏、夏美玲、寥颖：《新媒体时代中国文化双语传播的实践与分析》，载《商业文化》2021 年第 32 期。

肖顺良、吴应辉：《美国汉语传播研究》，载《语言文字应用》2016 年第 2 期。

徐剑、商晓娟：《社交媒体国际学术研究综述——基于 SSCI 高被饮论文的观察》，载《上海交通大学学报哲学社会科学版》2015 年第 23 卷第 1 册。

许丹：《网络资源在汉外汉语教学》，载《汉语国际传播研究》2011 年第 1 期。

许琳：《汉语国际推广的形势和任务》，载《世界汉语教学》2007 年第 2 期。

杨金成：《语言国际传播动力及动力机制》，载《河北大学学报（哲学社会科学版）》2023 年第 2 期。

姚芳：《中国对外汉语传播模式的创新》，载《南方论刊》2023 年第 2 期。

姚敏：《"大华语"视角下的汉语国际传播策略思考》，载《语言文字应用》2019 年第 1 期。

尹春梅：《汉语国际传播影响要素研究范式探讨》，载《东北师大学报（哲学社会科学版）》2021 年第 3 期。

岳岚：《汉字的海外早期传播及其启示》，载《对外传播》2021 年第 9 期。

臧晓雨、钱西雯：《留学生汉语线上学习资源使用情况的调查研究——以南通大学印度留学生为例》，载《成才之路》2023 年第 33 期。

詹捷慧：《青年网络语言传播范式转变及其应对》，载《人民论坛》2022 年第 2 期。

占立玲、黄蓉：《从社会学视角看语言的传播价值》，载《钦州学院学报》2018 年第 8 期。

张利桃、伍文臣：《移动学习——数字化学习的新篇章》，载《内蒙古师范大学学报：教育科学版》2015 年第 7 期。

四、外文资料

（一）Books

D. R. Hancock, B. Algozzine, J. H. Lim, *Doing case study research：A practical guide for beginning researchers*，（2nd ed.）. New York：Teachers College Press, 2021.

G. Thomas, *How to do your case study：How to do your case study*, London：Phaidon Press, 2011.

P. Bockowski, *Digitizing the News：Innovation in Online Newspapers*, New Baskerville：MIT Press, 2005.

R. L. Cooper, *A Framework for the Study of Language Spread and Spread*, In Cooper（ed.）Language Spread：Studies in Diffusion and Social Change. Bloomington：Indiana University Press, 1982.

（二）Articles

A. K. M. Chan, C. P. Nickson, J. W. Rudolph, et al., "Social media for rapid knowledge dissemination：early experience from the COVID - 19 pandemic", *Anaesthesia*, Vol. 75, No. 12（2020）, pp. 55 - 79.

B. Flyvbjerg, "Case study", *The Sage handbook of qualitative research*,

No. 4 (2011), pp. 301 – 316.

Boynton P M, Greenhalgh T, "Selecting, designing, and developing your questionnaire", *Clinical research*, Vol. 328, No. 7451 (2004), 1312 – 1315.

C. R. Williams, Y. L. Lee, J. T. Rilly, "A practical method for statistical analysis of strain-life fatigue data", *International Journal of Fatigue*, Vol. 25, No. 5 (2003), pp. 427 – 436.

C. Wallis, "New media practices in China: Youth patterns, processes, and politics", *International Journal of Communication*, No. 5 (2011), pp. 406 – 436.

D. A. Dillman, D. K. Bowker, "The web questionnaire challenge to survey methodologists", *Online social sciences*, No. 7 (2001), pp. 53 – 71.

Dillman D A, Bowker D K. "The web questionnaire challenge to survey methodologists", *Online social sciences*, 2001, 7, pp. 53 – 71.

E. Martin, "Survey questionnaire construction", *Survey methodology*, No. 13 (2006), pp. 1 – 13.

Fitzpatrick R, "Surveys of patient satisfaction: II——Designing a questionnaire and conducting a survey", *BMJ: British Medical Journal*, Vol. 302, No. 6785 (1991), pp. 1129 – 1132.

Gupta S, Gupta B, Singh S, "Estimation of sensitivity level of personal interview survey questions", *Journal of Statistical Planning and inference*, Vol. 100, No. 2 (2002), pp. 239 – 247.

Gurin G, Veroff J, Feld S, "Americans view their mental health: A nationwide interview survey", *American Journal of Psychology*, Vol. 4, No. 3 (1960), pp. 351 – 355.

H. F. Schiffman, "French Language Policy: Centrism, Orwellian Dirgisme, or Economis Derterminism?" In J. A. Fishman (seirs ed), L. Wei, J. M. Dewaele, and A. Housen (Vol. eds). *Contributions to the Sociology of Language: Opportunities and Challenges of Blilingualism.* Berlin:

Mouton, 2002, pp. 89 – 104.

Hoonakker P, Carayon P, "Questionnaire survey nonresponse: A comparison of postal mail and Internet surveys", *Intl. Journal of Human – Computer Interaction*, Vol. 25, No. 5 (2009), pp. 348 – 373.

P. Hoonakker, P. Carayon, "Nnaire survey nonresponse: A comparison of postal mail and Internet surveys", Intl", *Journal of Human – Computer Interaction*, Vol. 25, No. 2 (2009), pp. 348 – 373.

J. Luo, "The Characteristics and Paths of the Dissemination of Intangible Cultural Heritage in the Form of Animation in the New Media Environment", *Journal of Environmental and Public Health*, Vol. 14, No. 5 (2002), pp. 121 – 132.

L. Li, "Data news dissemination strategy for decision making using new media platform", *Soft Computing*, Vol. 26, No. 20 (2022), pp. 10677 – 10685.

L. Toetenel, "Social networking: a collaborative open educational resource", *Computer Assisted Language Learning*, Vol. 27, No. 2 (2014), pp. 149 – 162.

M. Anderson and J. J. Jiang, "Teen, social media, and technology", *PEW Research Centre*, 2022, pp. 18 – 22.

M. E. Sanchez, "Effects of questionnaire design on the quality of survey data", *Public opinion quarterly*, Vol. 56, No. 2 (1992), pp. 206 – 217.

M. Huo, "The Exploration of New Strategies for the International Dissemination of Chinese Traditional Culture", *4th International Conference on Language, Art and Cultural Exchange* (ICLACE 2023), Vol. 844, No. 2, (2024), pp. 4 – 10.

M. P. Couper, "Technology and the survey interview/questionnaire", *Envisioning the survey interview of the future*, 2008, pp. 58 – 76.

P. F. Adams, G. E. Hendershot, M. A. Marano, "Current estimates from the national health interview survey", *US Government Science and Technology Report*, Vol. 10, No. 166 (1994), pp. 198 – 233.

P. Kind, P. Dolan, C. Gudex, et al., "Variations in population health status: results from a United Kingdom national questionnaire survey", *British Medical Journal*, Vol. 316, No. 133 (1998), pp. 736 – 741.

P. M. Boynton, T. "Greenhalgh, Selecting, designing, and developing your questionnaire", *British Medical Journal*, 2004, Vol. 328, No. 7451 (2004), pp. 1312 – 1315.

R. Faizi, A. E. Afia, R. Chiheb, "Using Social Media to Promote Innovation in Language Learning and Teaching", *International Technology, Education and Development Conference*, 2016, pp. 2487 – 2490.

R. Heale, "Twycross A. What is a case study?", *Evidence-based nursing*, Vol. 21, No. 1 (2008), pp. 7 – 8.

R. K. Yin, "How to do better case studies", *The SAGE handbook of applied social research methods*, No. 2 (2009), pp. 254 – 282.

R. Stoecker, "Evaluating and rethinking the case study", *The sociological review*, Vol. 39, No. 1 (1991), pp. 88 – 112.

R. VanWynsberghe, S. Khan, "Redefining case study", *International journal of qualitative methods*, Vol. 6, No. 2 (2007), pp. 80 – 94.

Raghunathan T E, Grizzle J E, "A split questionnaire survey design", *Journal of the American Statistical Association*, 1995, 90 (429): 54 – 63.

Roopa S, Rani M S, "Questionnaire designing for a survey", *Journal of Indian Orthodontic Society*, 2012, 46 (4_suppl1): 273 – 277.

S. Botman, C. L. Moriarity, "Design and estimation for the national health interview survey, 1995 – 2004, Vital and health statistics. Ser. 1", *Programs and collection procedures*, No. 191 (2022), pp. 1 – 30.

S. F. Tsao, H. Chen, T. Tisseverasinghe, et al., "What social media told us in the time of COVID – 19： a scoping review", *The Lancet Digital Health*, Vol. 3, No. 3 (2021), pp. e175 – e194.

S. Gupta, B. Gupta, S. Singh, "Estimation of sensitivity level of personal interview survey questions", *Journal of Statistical Planning and inference*, Vol. 100, No. 2 (2002), pp. 239 – 247.

S. R. Kudchadkar and C L. Carroll. "Using social media for rapid information dissemination in a pandemic： PedsICU and coronavirus disease 2019", *Pediatric Critical Care Medicine*, Vol. 21, No. 8 (2020), P. 538.

S. Roopa, M. S. Rani, "Questionnaire designing for a survey", *Journal of Indian Orthodontic Society*, Vol. 46, No. 11 (2012), pp. 273 – 277.

T. E. Raghunathan, J. E. Grizzle, "A split questionnaire survey design", *Journal of the American Statistical Association*, Vol. 90, No. 429 (1995), pp. 54 – 63.

W. Tellis, "Introduction to case study", *The qualitative report*, Vol. 3, No. 2 (1997), pp. 1 – 14.

Williams C R, Lee Y L, Rilly J T. "A practical method for statistical analysis of strain-life fatigue data", *International Journal of Fatigue*, 2003, 25 (5)： 427 – 436.

X. Chen, H. Wu, "Platform Logic： Understanding the Influence of AI on Information Dissemination Mechanisms of Chinese New Media Platforms", *Mathematical Problems in Engineering*, 2022, P. 115.

X. Wu, "Influence of network new media on the digital dissemination of Chinese literature, Web of Conferences", *EDP Sciences*, 2021, pp. 253 – 256.

Y. Liang, W. Zhang, "The impact of new media environment on public opinion dissemination and the coping strategies, proceding of the International Conference on Management, Finance and Social Sciences Research (MFSSR 2019)", *Lyon*, *France*. 2019, pp. 4 – 8.

Y. Wang, D. Zeng, B. Zhu, et al., "Patterns of news dissemination through online news media: A case study in China", *Information Systems Frontiers*, No. 16 (2014), pp. 557 – 570.

（三）Network data

J. Luo, The Characteristics and Paths of the Dissemination of Intangible Cultural Heritage in the Form of Animation in the New Media Environment, Journal of Environmental and Public Health, 30 Jul 2022, https://www. hindawi. com/journals/jeph/2022/7857816/, 02 Oct. 2023.

五、网络资料

《中国语言与文化》，慕课平台（open2study），2020 年 2 月，http://www. open2study. com/course/Chinese – language – culture，检索日期：2023 年 8 月 21 日。

曹沸、董琳玲：《提升汉语国际传播能力新途径》，载《中国社会科学报（网络版）》2021 年 4 月 1 日，https://iwaes. gmw. cn/iwas/article/Home. jsp? newsID = r0UbmZ7q3Wk%3D，检索日期：2023 年 10 月 15 日。

附录一　在华留学生使用中文新媒体学习和生活的问卷调查

一、个人基本情况

1. 留学生国籍

2. 性别

3. 年龄

4. 母语

5. 您的 HSK _____ 级

A. 1 级　B. 2 级　C. 3 级　D. 4 级　E. 5 级　F. 6 级

二、汉语学习方式

6. 除了在课堂上学习汉语，您喜欢学习汉语的方式是：

项目	完全不符合	不符合	一般	符合	非常符合
我喜欢请辅导教师学习汉语					
我喜欢看中国电视、电影学习汉语					
我喜欢和中国朋友聊天学习汉语					
我喜欢用中文新媒体自学汉语					

三、中文新媒体的使用动机

7. 您使用中文新媒体的目的是：

项目	完全不符合	不符合	一般	符合	完全符合
我使用中文新媒体为了提高汉语水平					
我使用中文新媒体为了交到更多的朋友					
我使用中文新媒体是因为工作、学习的需要					
我使用中文新媒体为了了解相关资讯					
我使用中文新媒体为了在中国生活方便					
我使用中文新媒体能够了解更地道的中国文化					
我使用中文新媒体为了娱乐生活					

8. 中文新媒体环境下学习汉语的情感态度是：

项目	非常不赞同	有些不赞同	一般	有些赞同	非常赞同
我喜欢通过中文新媒体进行汉语学习					
中文新媒体环境下有利于安排时间和地点					
中文新媒体环境下汉语资源比课堂丰富					
中文新媒体环境下多种平台（如抖音、哔哩哔哩等）有利于汉语的自主学习					
中文新媒体环境下的汉语学习更加灵活					
中文新媒体环境下汉语自主学习值得推广					
我愿意与汉语传播者、同学分享相关的学习资料					
我能主动参与汉语新媒体上所发布的感兴趣话题					

9. 运用中文新媒体学习汉语的动机是：

项目	非常不赞同	不赞同	一般	赞同	非常赞同
为了社交需求运用中文新媒体学习汉语					
为了提高汉语水平运用中文新媒体					
为了深入研究中国传统文化运用中文新媒体					
为了以后留在中国更好地发展运用中文新媒体					
为了缓解压力和愉悦心情运用中文新媒体					

四、中文新媒体用于汉语学习的使用情况

10. 每天使用中文新媒体的时间是：

项目	完全不符合	不符合	一般	符合	非常符合
每天使用中文新媒体 1 小时以内					
每天使用中文新媒体 1~2 小时					
每天使用中文新媒体 2~3 小时					
每天使用中文新媒体 3 小时以上					

11. 您倾向于获取中文新媒体的设备是：

项目	完全不符合	不符合	一般	符合	非常符合
我倾向于使用电脑获取中文新媒体					
我倾向于使用手机获取中文新媒体					
我倾向于使用数字杂志获取中文新媒体					

12. 您的中文新媒体平台的使用偏好是：

项目	完全不符合	不符合	一般	符合	非常符合
我经常使用即时通信工具（如微信、QQ 等）					
我经常参加网络舆论活动（如微博、论坛等）					

续表

项目	完全不符合	不符合	一般	符合	非常符合
我经常使用网络视频媒体（如抖音、快手等）					
我经常使用中文新媒体浏览新闻 App、网站等					
我经常使用汉语与中国人在中文新媒体软件上聊天					

13. 您使用中文新媒体的场景是：

项目	完全不符合	不符合	一般	符合	非常符合
学习提升场景（包含汉语学习、资料检索等微场景）					
信息生产获取与知识付费场景（包含知识问答、专业领域讨论、消费指南、科技趋势分析等微场景）					
社交互动场景（包含私人社交、聊天、朋友圈分享、公众信息发布、话题讨论等微场景）					
娱乐休闲场景（包含时尚美妆、生活记录、旅行摄影、搞笑娱乐、明星粉丝互动等微场景）					
职业关联场景（包含商务社交、招聘求职、行业洞察等微场景）					
公益活动场景（包含绿色环保、低碳出行、低碳生活等线上公益微场景）					
通勤活动场景（包含诸多碎片化时间应用的中文新媒体运用微场景）					

14. 您使用中文新媒体传播形式的偏好是:

项目	完全不符合	不符合	一般	符合	完全符合
我更希望以文字的形式接收中文新媒体信息					
我更希望以视频的形式接收中文新媒体信息					
我更希望以音频的形式接收中文新媒体信息					
我更希望以图片的形式接收中文新媒体信息					
比起面对面或电话沟通,我更倾向于用聊天的方式或平台讨论区进行交流					

15. 您使用中文新媒体所关注的内容偏好是:

项目	完全不符合	不符合	一般	符合	完全符合
我经常通过中文新媒体浏览文化观念类信息					
我经常通过中文新媒体进行学习汉语和了解相关专业知识					
我经常通过中文新媒体浏览美食记录类信息					
我经常通过中文新媒体浏览社会生活类信息					
我经常通过中文新媒体了解时事热点类信息					
我经常通过中文新媒体了解娱乐类信息					

五、中文新媒体汉语传播功能的评价

16. 中文新媒体对汉语学习的作用是:

项目	非常不赞同	不赞同	一般	赞同	非常赞同
使用中文新媒体对我在汉语口语表达上有很大帮助					
使用中文新媒体对我在汉语阅读能力上有很大帮助					
使用中文新媒体对我在汉语书写方面有很大帮助					
使用中文新媒体对我在汉语听力方面有很大帮助					
使用中文新媒体会学习到很多本土词汇和网络流行语，更容易融入本地生活					
我使用中文新媒体能主动搜索与汉语相关的历史知识					
我使用中文新媒体经常用汉语发送文本信息、微信语音以及与汉语爱好者交流汉语学习知识					

17. 与传统媒体相比，您认为利用中文新媒体学习汉语的优点是：

项目	完全不符合	不符合	一般	符合	完全符合
中文新媒体更方便交流沟通					
面对中文新媒体资源海量信息，通常会在搜索方面比较节省时间					
使用中文新媒体容易集中注意力					
中文新媒体与朋友、老师沟通氛围很好，互动性强					
使用中文新媒体更容易查阅资料，而且汉语使用较为规范					
中文新媒体所获取的汉语资料容易理解，可以加工成自己需要的学习资料					

18. 与传统媒体相比，您认为利用中文新媒体学习汉语的缺点是：

项目	非常不赞同	不赞同	一般	赞同	非常赞同
中文新媒体沟通交流不方便					
面对中文新媒体资源海量信息，通常会在搜索方面花费大量时间					
使用中文新媒体经常分散注意力					
中文新媒体缺少与老师、朋友面对面的沟通氛围					
中文新媒体上很多内容无法保证汉语使用是否规范，给我带来困扰					
中文新媒体上有些内容很难理解，如方言、语速较快、发音等问题					

19. 您对中文新媒体在汉语传播有哪些不满意的地方？

中文新媒体的操作、指令等较为复杂

中文新媒体相关知识内容不够系统

中文新媒体有些传播内容难以辨别优劣

中文新媒体有些方言、网络词汇难以理解

其他_____

六、中文新媒体在汉语传播的改进建议

20. 如果设计一个留学生的中文社交媒体账号，您希望它经常更新哪方面的内容？

附录二　汉语传播者使用中文新媒体传播汉语的问卷调查

一、个人基本情况

1. 您的年龄

2. 您的专业背景

3. 您的职业

4. 您从事汉语传播事业的时间

A. 3 年以内　　B. 3~5 年　　C. 5~10 年　　D. 10 年以上

5. 您从事汉语传播工作的原因

二、中文新媒体用于汉语传播的动机

6. 中文新媒体环境下传播汉语的情感态度是：

项目	非常 不赞同	有些 不赞同	一 般	有些 赞同	非常 赞同
我喜欢通过中文新媒体传播汉语					
中文新媒体环境下传播汉语有利于安排时间和地点					
中文新媒体环境下汉语资源比课堂丰富					
中文新媒体环境下多种平台（如抖音、哔哩哔哩等）有利于汉语的自主学习					
中文新媒体环境下的传播汉语形式、内容更加灵活					

续表

项目	非常 不赞同	有些 不赞同	一般	有些 赞同	非常 赞同
中文新媒体环境下汉语自主学习值得推广					
我愿意与汉语爱好者在中文新媒体上分享相关的学习资料					
我能主动参与中文新媒体上所发布的感兴趣话题					

7. 您使用中文新媒体平台的目的是:

项目	非常 不赞同	不赞同	一般	赞同	非常 赞同
我使用中文新媒体为了方便沟通交流					
我使用中文新媒体是工作需要					
我使用中文新媒体为了获取更多资讯					
我使用中文新媒体已经成为一种习惯					
我使用中文新媒体能够与汉语爱好者联系更加频繁					

8. 使用中文新媒体传播汉语的动机是:

项目	非常 不赞同	不赞同	一般	赞同	非常 赞同
为了社交需求运用中文新媒体传播汉语					
为了提高汉语教学传播效率运用中文新媒体					
为了深入传播中国传统文化运用中文新媒体					
为了自身教育职业更好的发展运用中文新媒体					
为了寓教于乐,愉悦心情运用中文新媒体传播汉语					

三、中文新媒体传播汉语的行为情况

9. 每天使用中文新媒体的时间是:

项目	完全不符合	不符合	一般	符合	非常符合
每天使用中文新媒体 1 小时以内					
每天使用中文新媒体 1 ~ 2 小时					
每天使用中文新媒体 2 ~ 3 小时					
每天使用中文新媒体 3 小时以上					

10. 您发朋友圈、抖音或微博传播汉语的频率是：

项目	完全不符合	不符合	一般	符合	非常符合
我每天都发朋友圈、抖音或微博等					
我两三天发一次朋友圈、抖音或微博等					
我一周天发一次朋友圈、抖音或微博等					
我一个月发一次朋友圈、抖音或微博等					
我几乎不发发一次朋友圈、抖音或微博等					

11. 您倾向于获取中文新媒体的设备是：

项目	完全不符合	不符合	一般	符合	非常符合
我倾向于使用电脑获取中文新媒体					
我倾向于使用手机获取中文新媒体					
我倾向于使用数字杂志获取中文新媒体					

12. 您使用中文新媒体的平台是：

项目	完全不符合	不符合	一般	符合	非常符合
我经常使用即时通讯工具（如微信、QQ 等）					

续表

项目	完全不符合	不符合	一般	符合	非常符合
我经常参加网络舆论活动（如微博、论坛等）					
我经常使用网络视频媒体（如抖音、快手等）					
我经常使用中文新媒体浏览新闻 App、网站等					
我经常使用与汉语爱好者在中文新媒体上聊天					

13. 您使用中文新媒体传播汉语的场景是：

项目	完全不符合	不符合	一般	符合	非常符合
教学学习提升场景（包含汉语教学学习、资料检索等微场景）					
信息生产获取与知识付费场景（包含知识问答、专业领域讨论、消费指南、科技趋势分析等微场景）					
社交互动场景（包含私人社交、聊天、朋友圈分享、公众信息发布、话题讨论等微场景）					
娱乐休闲场景（包含时尚美妆、生活记录、旅行摄影、搞笑娱乐、明星粉丝互动等微场景）					
职业关联场景（包含商务社交、招聘求职、行业洞察等微场景）					
公益活动场景（包含绿色环保、低碳出行、低碳生活等线上公益微场景）					
通勤活动场景（包含诸多碎片化时间应用的中文新媒体运用微场景）					
演艺赛事场景（包含音乐欣赏、舞蹈表演、体育赛事等微场景）					

14. 您使用中文新媒传播汉语的形式是：

项目	非常不赞同	不赞同	一般	赞同	非常赞同
我经常用语音的形式在中文新媒体上发布信息					
我经常用图片的形式在中文新媒体上发表信息					
我经常用视频的形式在中文新媒体上发表信息					
我经常用文字的形式在中文新媒体上发表信息					

15. 您通常在中文新媒体发布的信息内容是：

项目	非常不赞同	不赞同	一般	赞同	非常赞同
我经常在中文新媒体发布文化观念类信息					
我经常在中文新媒体发布汉语学习类信息					
我经常在中文新媒体发布美食记录类信息					
我经常在中文新媒体发布社会生活类信息					
我经常在中文新媒体发布时事热点类信息					
我经常在新媒体发布娱乐类信息					

四、中文新媒体应用于汉语传播功能的评价

16. 您对中文新媒体汉语传播内容效果的看法是：

项目	非常不赞同	不赞同	一般	赞同	非常赞同
我在中文新媒体上发布的汉语学习相关知识经常引起汉语爱好者的互动					
我在中文新媒体上发布的文体娱乐内容经常引起汉语爱好者的互动					

项目	非常 不赞同	不赞同	一般	赞同	非常 赞同
我在中文新媒体上发布的新闻资讯经常引起汉语爱好者的互动					
我在中文新媒体上发布的生活分享相关知识经常引起汉语爱好者的互动					
我在中文新媒体上发布的中华传统文化（如茶文化、酒文化等）经常引起汉语爱好者的互动					

17. 中文新媒体对汉语传播的作用是：

项目	非常 不赞同	不赞同	一般	赞同	非常 赞同
使用中文新媒体对传播汉语口语方面有很大帮助					
使用中文新媒体对传播汉语阅读方面有很大帮助					
使用中文新媒体对传播汉语书写方面有很大帮助					
使用中文新媒体对传播汉语听力方面有很大帮助					
使用中文新媒体可以更好地传播很多本土词汇和网络流行语，帮助汉语学习者更容易融入本地生活					

18. 与传统媒体相比，您认为使用新媒体进行汉语传播的优点是：

项目	非常 不赞同	不赞同	一般	赞同	非常 赞同
中文新媒体更方便交流沟通					
中文新媒体环境下信息资源丰富，方便传递信息					
新媒体环境下汉语传播范围广，效率高					
新媒体有利于更好的互动，提高汉语爱好者的积极性					
方便汉语爱好者学习，可以循环播放、浏览信息					

19. 与传统媒体相比，您认为使用新媒体进行语传播的缺点是：

项目	非常不赞同	不赞同	一般	赞同	非常赞同
中文新媒体沟通交流不方便					
中文新媒体海量信息，不容易集中注意力，会浪费时间					
网上很多汉语表达不够规范					
汉语爱好者对文化辨识能力不强，容易产生错解或误解					
使用中文新媒体会对我的工作产生干扰，会加大工作量					

20. 您认为中文新媒体对于汉语传播面临的最大问题是什么？

A. 中文新媒体的操作、指令等较为复杂

B. 中文新媒体相关知识内容不够系统

C. 中文新媒体上很多内容使用不够规范

D. 汉语传播教师需要提高专业素养

E. 其他_____

五、中文新媒体应用于汉语传播功能的改进建议

21. 您对中文新媒体有什么建议，请提出三条。

(1) _____

(2) _____

(3) _____

附录三 汉语受传者访谈提纲

一、访谈目的

收集关于汉语受传者使用中文新媒体学习汉语的传播动机、传播行为及传播效果的看法、意见和建议。

二、访谈方式

线上视频访谈，一对一的方式。

三、访谈对象

访谈受客观环境的影响以视频形式进行，选择了六位参加过问卷调查的在华留学生作为访谈对象，其基本信息如下表所示。

附表1　　　　　　　　汉语受传者访谈对象基本信息

访谈者	国籍	学历
甲	巴基斯坦	硕士
乙	韩国	本科在读
丙	西班牙	本科在读
丁	乌克兰	本科在读
戊	韩国	本科在读
己	日本	本科在读

四、访谈提纲

（一）开场语

您好，非常感谢您参与本研究的访谈。这次访谈是关于新媒体在汉语国际传播方面的应用。希望您能对该研究提供您的意见和想法。本次访谈主要是以问答的形式进行，不涉及任何的利益关系，您可以放心。希望您能如实回答问题，为研究提供您的宝贵意见。访谈时间大概20分钟，如果没有疑问，我们就开始吧。

（二）访谈问题

1. 请您先简要的做一下自我介绍，比如您来自哪个国家，在中国生活了几年等？

2. 您学习中文的动机是什么呢？

3. 目前您的中文如何，听说读写方面，掌握得如何？

4. 那您学习的方式是什么？是否有使用新媒体软件学习中文？如果有的话，主要用哪些软件？

5. 那您大概使用这些软件学习中文的频率大概是什么样的呢？

6. 您认为，用新媒体软件学习中文有什么好处吗？与传统的课堂学习有什么区别？

7. 那您认为，用这些软件学习中文有什么不方便的地方吗？

8. 对这些软件的未来开发有什么建议？

（三）结束语

访谈结束。十分感谢您对研究的宝贵意见！

五、访谈步骤

（1）选取符合访谈要求的访问对象；

（2）协调并确认适当的线上访谈时间；

（3）开始访谈并记录；

（4）访谈内容的整理与反思。

六、访谈准备事项

（1）本子、笔及相关个人证件；

（2）录音、录影（ZOOM、腾讯会议、电话；征求被访者的同意）；

（3）访谈提纲。

附录四　汉语传播者访谈提纲

一、访谈目的

收集关于汉语传播者使用中文新媒体传授汉语知识的传播动机、传播行为、及传播效果的看法、意见和建议。

二、访谈方式

面对面，一对一的方式。

三、访谈对象

对于汉语国际传播者（教师群体）的访谈以面谈为主，采访共四位汉语传播者，第一位汉语传播者有一年的蒙古语教学经历，目前在中国大学从事汉语传播（以下称为汉语传播者甲）；第二位汉语传播教者有教授韩国学生的经历（以下称为汉语传播者乙）；第三位汉语传播者为在华留学生汉语培训的老师（以下称为汉语传播者丙）；第四位汉语传播者为（以下称为汉语传播者丁）在国外支教的大学老师（见附表2）。

附表 2　　　　　　　　汉语受传者访谈对象基本信息

访谈者	传播经历	汉语教学经历
甲	中国大学从事汉语传播	蒙古语教学经历
乙	自由传播者	教授韩国学生
丙	自由传播者	汉语培训的老师
丁	自由传播者	在国外支教的大学老师

四、访谈提纲

（一）开场语

您好，非常感谢您参与本研究的访谈。这次访谈是关于新媒体在汉语国际传播方面的应用。希望您能对该研究提供您的意见和想法。本次访谈主要是以问答的形式进行，不涉及任何的利益关系，您可以放心。希望您能如实回答问题，为研究提供您的宝贵意见。访谈时间大概20分钟，如果没有疑问，我们就开始吧。

（二）访谈问题

1. 请您先简要的做一下自我介绍，比如您的职业，从事汉语传播的经历等？

2. 您能介绍一下主要适用的传播平台吗？以及您主要传播的内容？

3. 能介绍一下您开始传播汉语的动机吗？

4. 能介绍一下您认为新媒体传播和传统的传播方式相比，有哪些优点？

5. 那您在传播过程中，有遇到什么困难或者挑战吗？请详细介绍一下。

6. 您对当前的新媒体平台有什么建议吗？

（三）结束语

访谈结束。十分感谢您对研究的宝贵意见！

五、访谈步骤

（1）选取符合访谈要求的访问对象；

（2）协调并确认适当的访谈时间及地点；

（3）开始访谈并记录；

（4）访谈内容的整理与反思。

六、访谈准备事项

（1）本子、笔及相关个人证件；

（2）录音（电话；征求被访者的同意）；

（3）访谈提纲。

致　　谢

人生是一段段旅程，2020 年 7 月，非常荣幸成为新纪元大学学院中华研究专业的一名博士研究生，进入新的征程，怯怯然，惶惶然，也充满了期待与希望。

新冠肺炎疫情的原因线下课程转为线上课程，让我们有很多遗憾，终于 2023 年新冠肺炎疫情退散，让更多的同学可以齐聚在马来西亚，感谢新纪元大学学院给予我们这个机会，让我们有缘相识在马来西亚。

特别幸运的是，3 年博士期间，得到了导师王睿欣的悉心指导，不仅在学术上收获颇多，在生活中也给予了我很大的关怀，教给我很多为人处世的道理。睿欣老师深厚的学术造诣、严谨的治学风格、乐观开朗的性格令我深深的敬佩。每一次和睿欣老师的见面交流让我心中意犹未尽，从论文选题、开题和论文的一次次修改、一次次沟通导师，都注入着睿欣老师的精力和心血，在生活上也让我身在异国他乡感受到无比的温暖，睿欣老师不仅是我学术道路上的导师，更是我人生道路上的指引人。

最后，非常感谢马来西亚新纪元大学学院莫顺宗校长，国际教育学院郑诗傧院长和国际教育学院的各位工作人员，帮助笔者顺利地完成博士学业。

刘　萍

2024.7